アメリカ人のみた日本の死刑

デイビッド・T・ジョンソン
David T Johnson
笹倉香奈 訳

岩波新書
1778

はじめに

本書が翻訳されているさなかの２０１８年7月に、オウム真理教の元信者13人の死刑が執行された。13人の中には元教祖の麻原彰晃(松本智津夫)も含まれていた。

オウム真理教は、少なくとも29人が死亡し６５００人が負傷した事件を引き起こした。日本では前代未聞の凶悪な犯罪であった。１９８９年には横浜市で、弁護士の坂本堤さんが妻の都子さん、息子の龍彦さんとともに計画的に殺害された。１９９４年には松本市でサリンガスによる攻撃が仕掛けられた。松本サリン事件の標的は、オウム真理教関連の事件を担当していた裁判官たちであった。８人が亡くなり、５００人以上が負傷した。そして、20世紀における日本最悪の犯罪とも言われる事件が起こった。１９９５年3月20日に、東京の地下鉄でサリンガスによる5つの攻撃が実行され、12人が亡くなり５５００人以上が負傷した。計画通りに遂行されれば、何千人が亡くなっていた可能性もあった。

オウム事件の実行犯たちに死刑判決が言い渡された時、驚く者はいなかった。２００４年2

月、麻原氏に対する死刑判決が言い渡された日、筆者は東京地方裁判所の周囲に集まっていた30人に話を聞いた。「麻原が有罪の場合、いかなる刑罰が言い渡されると思いますか」という質問をしたのだ。6時間をかけて行われたこの調査では、1人を除く全員が、死刑判決が適切であると結論づけた。死刑にすべきでないと考えた会社員の女性も、「死刑は安易すぎる」から、無期懲役を言い渡すべきだといった。

麻原氏に対する死刑判決から14年経って、彼と12人の元部下たちの死刑は執行された。死刑執行に異議を唱える日本人はほとんどいなかった。執行からしばらくして、(筆者も大好きな)作家の村上春樹氏は全国紙に寄稿した。彼は地下鉄サリン事件をベースにした1997年の『アンダーグラウンド』と1998年の『約束された場所で』の執筆過程を思い出しつつ、次のように述べた。一般的には自分は「死刑制度そのものには反対する立場」である。しかし亡くなられた方の遺族の「味わわれた悲しみや苦しみ、感じておられる怒りを実際に目の前にしてきた僕としては、「私は死刑制度には反対です」とは、少なくともこの件に関しては、簡単には公言できないでいる」(毎日新聞2018年7月29日)。

死刑制度自体には反対する、でもこの事件は別だ、という村上春樹氏のこの議論は、日本における死刑制度をめぐる議論に共通する感覚を表現しているように思う。つまり、死刑は「やむを得ない」という感覚だ。

検察官たちは起訴する理由や死刑を求刑する理由を説明するとき、そして法務大臣に死刑執行を命令するよう説得するときに「やむを得ない」という。被害者や被害者遺族は死刑判決を求める運動をするときに死刑は「やむを得ない」という。また、報道記者や編集者たちも、死刑判決を予測したり死刑判決を解説したりするときに「やむを得なかった」という。裁判官や裁判員たちも、死刑判決の理由を説明し正当化するために「やむを得ない」という。そして日本政府は国民に対して死刑制度を支持するかを尋ねるときに、このことばを使う（「場合によっては死刑もやむを得ない」に同意するかという世論調査の質問）。

「やむを得ない」という表現は、死刑が行われても「しかたがない」ということ、他方で論者はこの「避けられない」であろう結果について心を決めかねているということを同時に意味する。この表現の裏には次のような言い訳がある。検察官、裁判官、政治家やそれを見守る人々（この文章を読んでいる「あなた」もだろうか）は、いずれも死刑制度という機械の歯車の一つにすぎないのであって、機械全体をコントロールすることはできない、という言い訳だ。

社会学的にいえば「避けられない」という見方は擬制（フィクション）である。しかしこの擬制は重要な役割を果たしている。とりわけ、死刑は「しかたがない」という主張は、国家による殺人に関与する者とそれを支持・黙認する者たちの双方に安心感と言い逃れの機会を与える。「避けられない」という表現は哲学者ジャン・ポール・サルトルのいう「悪意」に似る。つまり「あるものが実際には自発的なのに、それが必要であるふりをする」ことだからである。アルベール・カミュは、死刑についての正直な議論を避けるため、近代社会は「オブラートに包んだことばで隠している」と表現した。「避けられない」という擬制がしばしば使われることは、日本の死刑がまさに「オブラートに包んだことばで隠されている」ことを表す。

死刑制度は、禁じられた特殊な行為を行うことを普通の人々に求める。つまり、制度的かつ計画的な殺人である。このような行為を容易にするべく、そして国家による殺人が支持されるようにすべく、日本の死刑文化は、道徳的解放のための便利な言い回しを作り出した。つまり、死刑は「やむを得ない」と位置づけることによって個人の責任を否定すると同時に、死刑という機械の装置に油を差し執行を正当化する。世界の趨勢が死刑を廃止する方向に傾き、死刑制度を擁護するのは難しくなりつつある今、このことは重要な意味を持つ。

多くの日本人は、オウム事件で執行はなされるべきことであったと信じている。なぜなら、信じがたい悪質な殺人行為に対して死刑が「適正」に科され、「適正」に執行されたからである。また、被害者や被害者遺族たちの苦しみや怒りが究極の刑罰を求めていたからである。つまり、オウムの執行は死刑がもっとも正当であると評価される場合であったともいえる。

しかしよく見れば、日本の死刑制度における最高のシナリオともいうべきオウムの執行には、いくつかの大きな問題がある。

第一に、なぜ有能な若い科学者たちが冷酷な殺人者になってしまったのか、執行は真実を知るための多くの手段を閉ざした。

第二に、オウムの元幹部で地下鉄千代田線にサリンを撒き何百人もの人間を殺そうとした林郁夫氏が極刑を免れたのはなぜか、彼の行為は「最悪の行為」ではなかったのかという問題は解決されないままになった。

第三に、被害者や被害者遺族は、執行によって「心の平安」を得られなかった。心身を傷つけられた者が人生の意義や他者との関係性を得るためには、法律の外の世界で他者とつながらなくてはならない。

第四に、オウム事件から23年後の執行は、今後犯罪者となりうる人々の犯行を抑止する効果を持たない。研究によれば、犯罪者になる可能性のある者は刑罰の重大性よりも刑罰が科される確実性や迅速性を気にするからである。

第五に、執行によっていくつかの法的な疑念が残った。例えば麻原氏の精神状態はどのようなものだったのかということである。数年前からよだれを流し、糞尿まみれの状態だったという。また、控訴の機会を失った彼は、最高裁判所での審理を受けていなかった。

第六に、絞首刑に処せられた個々人の責任に焦点を当てることで、オウムがサリンガス(およびその他の大量殺人のための武器)を製造しており、東京での事件の9カ月前にはすでにサリンを使っていたという証拠を掴みながらそれを放置し、地下鉄サリン事件を防げなかった警察の重大な責任から目をそらすことになる。

最後に、日本では通常、死刑の執行は秘密裏に行われてきた。それとは異なり、オウムの死刑執行は逐一日本のメディアによって報道された。7月6日の執行日の朝、刑場がある東京拘置所の外からはテレビ中継が行われ、テレビでは息をつく間もなく行われてゆく執行について有名人たちがコメントをし続けた。そして何百万人もの視聴者たちはその日のテレビで、日本のもっとも有名な犯罪者たちがこの世からどんどん姿を消していく様子を目の当たりにしたのである(合間には「スポンサーからのお知らせがあります」と、CMが挿入された)。この非現実的なメディアによる報道を見て、国民は死刑をめぐる議論を最大限楽しんだ。これに対して、国家による殺人の現実に、国民の目が向けられることはなかった(オウムの執行には、一般市民、記者、被害者、被害者遺族、執行される者の家族や友人は一人として立ち会うことができなかった)。

13人のオウム真理教の元信者たちの見せしめ的な執行は、日本の死刑制度の様々な問題点をあらためて露呈した。かねてから放置されてきた基本的な課題も浮上した。村上春樹氏は極めて重大な犯罪を犯した者については死刑を認めるという態度を示し、彼の記事を読んだ読者は「私もそう思う」と思ったに違いない。しかし、一部の犯罪者に対して死刑を容認するという考え方は、社会学的に見れば単純に過ぎる。なぜなら死刑という刑罰を少しでも受け容れるのであれば、死刑の制度自体を容認することになる。そのことによって甚大な影響がもたらされることになるからである。

重要なのは、麻原彰晃氏や中川智正氏や新実智光氏が死すべきだったかという点ではない。無実の者や、死刑に値しない者に対して死刑を言い渡すことなく、一部の死刑がふさわしい事件にのみ死刑を言い渡すというような死刑制度を作ることが可能なのか否かが重要なのである。

そして、そのような死刑制度を作ることはできない、ということを本書は明らかにしようとする。

目　次

第1章　日本はなぜ死刑を存置しているのか？

レフ・トルストイの小説『アンナ・カレーニナ』（１８７８年）は、次のような一節で始まる。「幸せな家族はすべて似かよっているが、不幸な家族にはそれぞれの不幸のかたちがある」。幸せな結婚を維持するためにはいくつかの点がうまくいっていないといけないが、どこか一点でも失敗すれば、うまくいかなくなる可能性がある。この「カレーニナ原則」は、起業や動物の家畜化から環境や倫理まで、実に様々な領域に適用されてきた。成功のためには、多種多様な失敗の原因を避けてゆかねばならない。

死刑についても同じことがいえるだろう。なぜなら「すべての廃止国は似かよっているが、死刑のある国はそれぞれに独自の死刑存置の理由がある[1]」からである。死刑についてカレーニナ原則をあてはめれば、死刑が廃止されない様々な理由がわかる。なぜアメリカが死刑を存置しているのか、他のすべての西洋の民主主義国家では死刑が廃止されているにもかかわらず、なぜアメリカでは死刑廃止にいたらなかったのかについては、すでに多くの論稿がある。一部の論者は、死刑を特に多用するアメリカ南部の州における奴隷制の遺産と「自警の価値観」を強調する。他の論者は、アメリカの政府が中央集権的ではなく、したがって意見が分かれる法律上・政策上の問題について、統一的なリーダーシップが発揮されにくいことに原因があるのではないかと指摘する。

さらに別の論者は、先進的な民主主義国家であるヨーロッパ諸国と同じ人道主義の道をアメリカが歩まなかったのは、連邦最高裁判所の死刑に関する諸判例のせいだという。連邦最高裁が1972年のファーマン対ジョージア事件判決で「死刑は連邦憲法違反である」と宣言しなければ、アメリカはすでに死刑を廃止していたのではないか、と。連邦最高裁はファーマン判決で、死刑事件で量刑を決定する際の裁量権をどのように行使するかについて、陪審員に対する適切な指針が与えられていなかったということを理由として、死刑は違憲であると判断した。さらにこの判決は、陪審員たちによりよい指針を与えられるような法改正を州が行えば、新たな死刑制度は合憲であると判断した。ファーマン判決の後、多くの州では法改正がなされ、死刑が復活してゆく。仮に連邦最高裁がこのような形で介入していなければ、その後、アメリカの死刑制度は衰退の一途をたどったであろう(1967年から、ファーマン判決がグレッグ対ジョージア事件判決によって覆される1976年まで、アメリカでは死刑が執行されていなかった)。アメリカはその後も死刑を存置し続ける必要はなかった。死刑はたまたま存置されたにすぎない。歴史は変わっていた可能性もあった。

本書は、日本が「独特の死刑存置国」であるということを示す。日本の死刑の独自性に関する分析を通して、先進的な民主主義国家である日本では、刑事法における最も重要な論点である死刑問題が極めて不適切に扱われていることを明らかにする。

以下、本章では、日本政治の特徴を見ることで、日本が死刑を存置している理由を説明する。また、長期間の拘禁刑よりも死刑の方が殺人を抑止する効果があるという信念が誤りであることを証明する。

第2章では、死刑に関する日本の判例が死刑を「特別」な刑罰であるとせず、被告人に対する特別の手続や保障を必要としていないことを明らかにする。第3章は、日本において死刑が秘密裏に執行されていることと、その理由を説明する。第4章は、日本の刑事司法における「否定の文化」について検討する。否定の文化は冤罪を生み出し、冤罪の発見を困難にしている。

第2、3、4章により、過去数十年間、日本の死刑についてなぜほとんど改革が行われてこなかったかが明らかにされる。死刑が特別な刑罰であると考えられていない日本では、裁判官は死刑制度の運用のあり方について懸念をもたない。立法者も改革を進める必要がない。国が秘密裏に死刑を執行しているため、その恐ろしい現実について知る人はほとんどいない。死刑の方法を変える必要があると考える人はなおさら少ない。刑事司法における判断が誤るという可能性は否定され、現状が肯定されてしまっている。

以上のような日本の死刑制度の現状を示した上で、第5章では刑事手続における新たな二つの市民参加の形態によって変化がもたらされる可能性があるかを検討する。裁判員制度と被害者参加制度である。この二つの制度はいずれも開始から10年しか経過していない。したがって、それらがもたらした効果のすべてを検証することはできない。しかし、これまでの状況に鑑みると、この二つの制度は死刑を固定化する方向に働いたとしても、弱体化あるいは縮小化する方向には働いていない。第6章は日本の死刑問題における世論と政治のリーダーシップとのゆるやかな関係について分析する。そして死刑に関する政策について「民主主義的」なアプローチを採用する場合にも、単なる多数決で済ませてはならないと提言する。

長い目で見れば、日本でも、国家が市民を殺す権限を国家から永久に剥奪するような改革が行われると考える。日本の国(政治体制)から死刑という欠陥が除去されれば、様々な利益がもたらされるだろう。

日本における死刑存置のなぞ

世界的に見れば、死刑制度の潮流は確実に衰退へと向かっている。２０１８年現在、世界の３分の２の国はすでに法律上または事実上、死刑を廃止している。ほとんどの執行は、少数の国々（中国、北朝鮮、イラン、イラク、サウジアラビア）で行われている。パキスタンやインドネシアなどの国々では近年執行数が増加傾向にあり、またエジプトやナイジェリアなどの国々では死刑の判決数が増加している。しかし、全世界的な廃止の潮流は明らかである。アメリカでも、２００７年以降に７州が死刑を廃止しているし、死刑の執行数はここ四半世紀で最も少ない。

テキサス州は１９７６年以降、もっとも死刑執行数が多い。死刑執行数がテキサスの次に多い６州をすべて合わせても、テキサス州の執行数にはおよばない。そのテキサスにおいてでさえ、死刑の執行数は急減した。最近では死刑判決が言い渡される数は年間５件以下である。テキサス州の死刑確定者の数は１９９９年から40パーセント以上減少した。２０１７年に言い渡された39の死刑判決のうちの30パーセント以上は、３つの郡（カウンティ）で言い渡された。アメリカ全土には３０００以上の郡があるが、そのうち３郡に死刑判決が集中しているのである。

「死刑の首都」と呼ばれるテキサス州のハリス郡(ヒューストンのある郡)では2017年に死刑判決が1件も言い渡されなかった。そして、40年来はじめて、死刑の執行がまったくなかった。

このように、世界中で死刑は衰退している。しかし、それにもかかわらず日本は死刑を存置し続けており、それはいくつかの観点から不思議な現象でもある。

第一に、先進的な民主主義国家の中で死刑を存置し、定期的に死刑執行を行っているのは、日本とアメリカのみである。他の裕福な民主主義国家は法律上死刑を廃止した(カナダ、オーストラリア、ニュージーランド、そして独裁国たるベラルーシを除くすべてのヨーロッパ諸国)か、または事実上死刑を廃止している(韓国の最後の死刑執行は1997年、香港は1966年であった)。しかし、中央集権的な民主制を採用せず死刑廃止をするのが難しいアメリカに対して、日本は中央集権的な民主制を採用している。また、アメリカには人種問題の歴史があり、その問題に影響されて死刑制度が形成されてきたのに対し、日本には同様の人種問題は存在しない。

逆に日本には、ドイツ、フランス、英国などのヨーロッパ諸国の死刑廃止の背景にある構造的な特徴が見られる。例えば中央集権的な国家であること、統一的な刑法典を持つこと、複数の政党が存在する議会制を採用し世論と議員とが隔離されていること、そして司法や行政が官僚的な専門性を有するシステムを採用していることである。

しかし、このような類似性があるにもかかわらず、死刑の政策や実務について、日本はヨーロッパに追随しない。

第二次世界大戦後、西ヨーロッパ諸国が死刑を廃止した二つの主要な政治的背景を振り返ってみれば、日本の死刑存置はさらに不思議に思われる。なぜなら、それらの背景事情は日本にも同じように存在したからである。ドイツ、イタリア、ポルトガル、そしてスペインにおいては、独裁主義的指導者たち（ヒトラー、ムッソリーニ、サラザール、そしてフランコ）の失脚がそれぞれ１９４９年、１９４４年、１９７６年、そして１９７８年の死刑廃止につながった。これに対して日本では独裁主義的政治体制が１９４５年に倒れた後も、死刑制度は維持された。オーストリア、英国、そしてフランスにおいては、それぞれ１９５０年、１９６５年、１９８１年に、左派リベラル政権の樹立が死刑廃止のきっかけとなった。しかし２００９年に日本の民主党が政権を取ったときも死刑制度は廃止されず、大きな改革もなされなかった。

さらに、アメリカの死刑研究に見られる二つの社会的事情に鑑みても、日本が死刑を存置していることは不思議に思われる。

第一に日本の殺人率はアメリカの約10分の1に過ぎないし、ヨーロッパの死刑廃止諸国よりも低い。アメリカとヨーロッパを比較した研究では、アメリカの殺人率が高いことが死刑存置の理由ではないかとされている。つまり、殺人に対する恐怖や怒りが一般市民の死刑への支持を支えており、殺人が起こりやすいアメリカでは死刑は支持されるというのである。しかし、世界のうちで殺人率がもっとも低い国の一つである日本が、死刑を存置していることの説明はつかない。

第二は、不平等の問題である。

日本では1990年代のバブル崩壊以降、社会的・経済的不平等が増大した。しかしそれでも日本社会ではアメリカ社会よりも平等性が維持されている。アメリカでは、死刑存置の理由や、死刑判決・死刑執行の数、そして地域的な偏りなどの問題の背景に人種や社会的な不平等の問題がある。確かに日本においても、貧困者や社会的に孤立している者は死刑判決を言い渡され、死刑を執行される可能性がより高いということがいえる。その点では、アメリカやその他の死刑存置国と同じかもしれない。しかし、日本では、不平等だから死刑が廃止されるということにはなっていない。

死刑存置の背景

それでは、日本ではなぜ死刑が存置されているのか？　死刑制度がどのような末路をたどっていくのかに関するもっとも支配的な説明は、国の制度や、国の行為に影響を与える政治プロセスや文化プロセスの観点からのものである[2]。つまり、死刑は常に、そしてどの国においても国家権力の発動である。したがって当該国家の性質や国家行為のコンテクストを分析することで、その国の死刑制度の安定性や変化を理解することができる。

つまり、日本の死刑存置のなぞを解くためには、日本の国に焦点を当てなければならない。そして、それによって死刑存置のなぞを解く三つの鍵を得ることができる。

第一に、日本は第二次世界大戦後の占領下で死刑廃止の最大の機会を失ったために、いまだに死刑を存置しているという説明が可能だろう。前述の通り、ヨーロッパの一部の国では独裁政権が崩壊した際に死刑制度が廃止された。同様のことがアジアでも起こっている。クメール・ルージュ崩壊後のカンボジア（１９８９年）、マルコス政権崩壊後のフィリピン（１９８７年）、そしてインドネシアからの独立後の東ティモール（１９９９年）である。これらの国では、前政権による殺人と距離を置くことを示すために、象徴的に死刑が廃止された。日本も１９４５年の降伏後、国家体制の変革を経験した。しかしその後、国家体制の大幅な変革がアメリカのリーダーシップのもと占領軍によって行われたにもかかわらず、死刑制度は維持された。占領軍は、農地改革、男女平等、新たな人権の保障などを行い、天皇を神から人間へと矮小化した。しかしながら、死刑は当時の改革課題とならなかった。日本の占領とドイツの占領(1949年まで)との違いは、この点にあるといえる。そしてこのことが、日本の死刑存置の一つの説明になるだろう。

この点に関して重要なのは、アメリカ当局が日本の「戦犯」たちに対し、東京裁判で死刑を言い渡したいと考えていたことである(1948年に7人が死刑を執行された)。敗戦国の政権に対する復讐心によって、死刑はより受け入れやすいものとなるだろう。2006年のサダム・フセインの絞首刑執行とその後のイラクにおける死刑の復活は、この可能性が現代社会でも生き続けていることを示唆している。

第二に、占領後も日本で死刑制度が存続したことの背景には、保守的な自由民主党が政権を長期にわたって握ったこと、そして自民党以外の政党が政権をとった短い期間に、死刑制度に関する政策や運用を変えることができなかったという事情がある。

自民党はGHQによる占領が終了した3年後の1955年に政権を握った。自民党はその後60年もの間、50カ月弱を除いて政権を維持した。1993年から1994年にかけての8カ月間、７つの政党からなる連立政権が成立したが、この短期間で死刑制度の改革をするにはいたらなかった。自民党政権はその後、２００９年8月に中断した。２０１２年12月の選挙で政権を失うまでのあいだ、民主党が権力を握った。民主党は自民党に比べて、死刑をより慎重に用いようとはした。しかし、死刑廃止や執行停止への動きは見られなかった。民主党政権下で法務大臣となった千葉景子氏は、２０１０年に2人の死刑執行命令書に署名し、彼らの執行に立ち会った。千葉法務大臣は、その後一部のメディアに東京拘置所の刑場を公開し、法務省内に「死刑の在り方に関する勉強会」を立ち上げた。しかし記者たちが訪れた時には刑場は使用されておらず、勉強会は死刑に関する具体的な提言をしなかった。大臣になる前の四半世紀間、国会議員を務めていた千葉大臣は、議員であった当時は死刑制度への反対を公に表明していた。それにもかかわらず、大臣になって死刑執行をなぜ命じたのかについては、長きにわたって説明しなかった。第6章で死刑をめぐる政策に関する世論と政治的リーダーシップの関係について論じる中でこの問題を詳述する。

千葉大臣の後任の民主党政権下の法務大臣であった小川敏夫氏と滝実氏も死刑執行を命じた。これら3人の法務大臣は、民主党の40カ月の政権期間に、合計で9人の死刑を執行した。

ヨーロッパにおいては、保守政党よりもリベラルな政党のリーダーシップのもとで死刑が廃止されることが多かった(オーストリア、英国、フランスなど)。そして最近の韓国や台湾における死刑執行停止の状況をみても、同じことがいえる。アメリカの保守州において死刑の廃止がなされたことはほとんどない。ただ、2015年にはネブラスカ州が死刑を廃止した(翌年廃止をとりやめた)。共和党が圧倒的に強い州で死刑が廃止されたのは、実に40年ぶりのことだった。これに対して、日本の死刑制度が維持されている背景には、特定の一党が長期にわたって政権を握っていただけでなく、与党となった他の政党も、政策において保守自民党とほとんど同じ志向をもっていたことがあるのだろう。他国と同様、日本でも、保守政治が死刑制度の存置に結びついているといえる。

第三に、日本が経済的な力を持つ国となった1980年代以降について、日本の地政学的な地位に注目する説明も存在する。アメリカ、中国、そしてインドなどと同様、日本は世界の中での存在感、経済的影響力、そして政治的影響力を獲得した。そのことで、国際法や人権規範、国連の決議などへの日本による違反に対し、外圧によって意味のある制裁を加えることが難しくなったのである。力のある国は、超国家的組織に屈しない。自国の目的に有利な国際規範を支持し、そうでないものを拒絶する。この選択行動の例は枚挙にいとまがない。例えば、アメリカは「テロとの戦い」の中で拷問を行った。中国は表現の自由を制限している。日本の捕鯨、インドのカースト制度、そしてこれらの国々における死刑の存置はその例といえるだろう。これらの大国では、世界のその他多くの国（2010年以降に死刑を廃止したガボン、ラトビア、ボリビア、コンゴ（共和国）、フィジー、マダガスカル、スリナム、ベニン、ナウル、ギニアの10カ国など）において死刑の政策や運用に影響を与えてきた「人権ダイナミクス」[3]に基づく死刑廃止は難しい。

多くの点で、日本は「自給自足」を徳であると考える法や政治モデルをいまだに信じている。そして、外国からの影響に抵抗感や嫌悪感を抱く。現在、政権を再び握った自民党のメンバーの多くは人権が普遍的なものであるとは考えていない。日本は外交政策についてはアメリカに追随することもあり、むしろこの領域での日本のアメリカへの従属の度合いは極端である。しばしば「傀儡国家」と呼ばれるほどである。この点からすると、日本が死刑を存置しているのは、アメリカが死刑を存置しているためかもしれない。典型的な自由民主国家を自任する超大国がその市民を殺し続けるときには、他の国が同じことをしていることを自らの行為のごまかしや正当化に使うからである。だが、一部の論者が予想するように[4]、アメリカが死刑を廃止しても、日本はさらに死刑廃止という新たな規範に抵抗を続けるかもしれない。国際捕鯨委員会が商業捕鯨を1986年に一時停止した時と同様の態度を取ることになるかもしれない。しかし、おそらくアメリカが死刑を廃止すれば、日本はその近現代でくり返してきた行動を取ることになるだろう。つまり、国外の事情の変化に適応して、死刑を廃止することになるだろう。しかし、これは「もし」アメリカが死刑を廃止したら、という仮定の話である。2018年の時点では、アメリカは死刑を廃止していない。そして日本のリーダーたちは国外からも国内からも、死刑廃止に対する圧力を受けていない。冷戦後に中欧や東欧に死刑廃止を迫ったEUやヨーロッパ評議会が存在するヨーロッパとは異なり、アジア地域には死刑廃止を日本に迫るような地域的な組織は存在しない。死刑を地政学的に見ると、アジアはヨーロッパとは異なる。そして、日本はラトビアやリトアニアとは違うのである。

死刑は殺人を抑止するのか?

検察官や政治家たちは、しばしば殺人を抑止するために死刑が必要であると主張する。しかし、死刑には本当にこのような効果があるのか。

アメリカでは、数十件の研究の検証をとおして、死刑が殺人を抑止するということに十分な根拠はないという結論を、ある学識経験者の会議が最近公表した(5)。日本でも、1990年から2010年までの間の分析を行った研究が公表されている(6)。

この研究の重要な点は二つある。

第一に、年間の殺人件数ではなく、月間の殺人件数に注目していることである。これによってそれぞれの期間における死刑判決や執行の影響を見ることができる。月間の殺人件数のデータは警察庁によってほとんど公表されないが、それがなければ殺人と死刑との関係について検討することができない。また、年間の殺人件数の合計（1年に一つの数字）だけでは、統計モデルが前提とするデータ地点としては少なすぎる。死刑の抑止に関する統計モデルで大雑把な年間の推計しか出せないことになる。

第二に、殺人と強盗殺人を分けた統計データを用いていることにある。殺人と強盗殺人はいくつかの重要な点で異なる。日本では、殺人事件の数は強盗殺人事件の数の15倍に上る。強盗殺人事件の加害者と被害者とが知人である割合は、殺人事件の7分の1である。日本では、殺人事件の動機が利欲である割合は、強盗殺人事件の15分の1にすぎない。そして、殺人事件に比べ、強盗殺人事件で死刑が言い渡される数は15倍である。頻度や動機、そして量刑の重さに関するこれらの違いを見ると、死刑の抑止効果を調べるためには強盗殺人事件に注目すべきことがわかる。しかし、数の少ない重大な強盗殺人事件を見てみても、より一般的な殺人事件を見てみても、死刑判決や死刑の執行による抑止効果は見られない。

つまるところ、日本の死刑判決や死刑執行は殺人や強盗殺人を抑止しない。いずれについても抑止効果がないということは驚きである。なぜなら、日本の刑事司法制度は強盗殺人事件については重罰を科しているし、また強盗殺人は、計算に基づく犯罪であるといえるからである。

この研究結果は、死刑の抑止効果に関する他の国々における研究とも一致する。例えば世界でもっとも執行の多いシンガポールに関する研究や、[7] 第二次世界大戦後の日本の死刑と犯罪に関する傾向についての研究などが挙げられる。[8] 日本の殺人率は1950年代以降に80パーセント以上も減少した。同時期の日本の年間の死刑執行件数はどうか。1950年代には毎年25件の執行があったが、2000年代には毎年5件以下であった。この期間に日本の人口は1.5倍に増えたが、死刑の執行は80パーセント以上減少した。殺人犯の数は少なくなっている。特に若年の男性の殺人犯の数は減少しており、人口あたりの殺人犯の数は1950年代の同年代に比べて約10分の1である。実際、現在の日本の殺人率は20代男性よりも50代男性によるものの方が高い。このような年齢の構成は、他国ではほとんど見られない。なぜなら、年を重ねるにしたがって犯罪リスクが低下するというのが犯罪学の一般的な知見だからだ。もちろん、日本の若年者が殺人を犯さなくなってきているのは、若年男性が死刑に対して反応しやすいためだ、という結論を導くこともできなくはない。しかしその根拠はない。

死刑の抑止効果について、あと二点を付言しておく。

第一に、日本の当局は、死刑に殺人の抑止効果があるという見解を支える実証データの存在につき、根拠のある主張をすることができていない。もちろん彼らは「一般常識」によればそのような結論になると、今後も主張するかもしれない。そうかもしれないが、昔の一般常識では、地球は平らだった。

第二に、死刑廃止国において、抑止効果の有無は死刑を廃止するか否かの最終的な決断にほとんど影響しなかった。死刑を廃止するか否かは主として政治的な展開や道徳的な感情論に左右され、功利主義的な考慮は影響しなかった。日本では、殺人を抑止するために死刑を必要としない。日本の政治家や市民が向きあわなければならないのは、市民を保護するためという名目で、なぜ必要ない刑罰を維持するのかという問題である。死刑についての情報が隠蔽されているため、世論は死刑について何も知らない。そのような世論の支持があるから、死刑を存置するのか。それとも被害者のためなのか。しかしそうすると、極刑を適用するか否かの判断は、被害者遺族の怒りの大きさに依存するということになる。それとも日本は、形を変えた復讐ともいえる「応報」のために死刑を存置するのか。日本が死刑を執行し続けるのは、復讐というかけ声があるからである。それに関する議論はさほど行われていないものの、死刑を支えるもっとも強い力となっている。近年しばしば行われてきたように、日本の政治的リーダーたちは、復讐を求める声を受け入れるべきなのであろうか。それとも復讐は危険で非民主的であるからこそ、それを抑えるべきなのであろうか。本書の最後の二つの章では、この問題に立ち戻りたいと思う。

否定への道

死刑に関する文献は、勝ち誇った調子を帯びることが多い。世界における廃止に向けた動きに呼応するものもあれば、死刑が将来的には確実に廃止されることを予測したものもある。著名な論者によれば、世界の死刑廃止に向けた「大きな進展」が見られるし、[9]「世界中において死刑廃止への道を妨げるものはないように思われる」。[10]筆者自身も死刑廃止が広がっていくことを願っている。そして、日本の死刑の射程や規模を限定するような改革は望ましいと考える。また、日本は、将来的には死刑を廃止するであろうということを信じている。

しかし、死刑に関する研究の中には、死刑廃止の失敗に関する深刻な論稿も存在する。[11]本章は、日本における死刑廃止の失敗について論じてきた。そこでは、国家の制度の重要性と、国家の行為に対する政治的・文化的プロセスの重要性について言及した。

「日本国民の支持があるからこそ、日本の死刑は存続している」という主張を行うつもりはない。なぜなら第6章で詳述するように、他の国々の経験を見れば、一般市民の死刑への反対が死刑廃止の必要条件だとはいえないからである。ある国の主導者たちが死刑廃止を決断するときには、大半の国民が死刑存置を支持していようが、死刑は廃止されるのである。そして、そうすることでその国は「歴史の流れに乗る」のである(12)。

しかし日本のケースを見れば、死刑廃止は一部の社会にとってけっして容易ではないことがよくわかる。日本の経験からは、二つの教訓が得られる。第一に、死刑の今後の行く末には、偶発的な出来事や複雑な状況がつきまとうだろう。近い将来に目を向けると、すべての道が死刑廃止へと通じているのかはわからない。第二に、日本が死刑廃止になぜ失敗したかに目を向けることによって、死刑廃止論者たちは変化を起こす際の障害がどのようなものかを把握し、変革につなげるためにどのような行動を起こすべきかという作戦を練るためのアイディアを得ることができる。日本の死刑廃止論者にとって困難であることの一つは、すでに廃止を実現したドイツや南アフリカなどの国々や、廃止に向かいつつある韓国や台湾などに比べ、「人権」という枠組みがそこまで際立っていない日本で、「人権」をいかに現実味のある問題として表現するかということにある。もう一つ困難なのは、日本の世論が死刑廃止を許さないと思い込んでいる政治家たちを、いかに説得するかである。これまでの研究によれば、死刑廃止が実現した場合、その事実は法的正当性や政治的権威などを傷つけることなく国民に受け入れられることが示唆されている[13]。日本の廃止論者たちが直面する最後の困難は、エリート政治家たち(特に保守派の政治家たち)に対して死刑が不要であることをどうやって説得するかということである。死刑を廃止した先進民主国において鍵となったのは、エリートたちの意見だった。死刑に関する世論は、いくら廃止論者たちが変えようとしても変わらない。したがって廃止へのもっとも近い道筋は、「世論を迂回してしまう[14]」ことかもしれない。

日本が「独特の死刑存置国である」ということに着目すると、廃止論者たちが無視しがちな死刑制度の特徴も見えてくる。死刑が「明確な社会的・公的な目的に対してはほとんど寄与しない、意味もなく必要もない生命の剥奪である[15]」という考え方は、死刑を批判する者にとって同意しやすい。しかし、社会学的に見れば、これは賢明なことばではない。「死刑はささやかな目的でさえ達成できない[16]」という大胆な主張も同じく賢明なことばではない。ニューヨーク大学教授であるデイビッド・ガーランドは、アメリカの死刑に関する優れた著作の中で次のように述べている。

我々が……死刑の積極的な価値や効用を求めるとき、それが当初は取るに足らない不要なものに見えるかもしれない。しかし、その後〔廃止論者の〕従来の知見をひっくり返すような事実が浮上するだろう。国家による殺人という力は、現実には生産的で、遂行的で、生成的な力でもあることが明らかになるはずである。つまり、その力は、何かを起こすことができる力なのだ。それは生きるか死ぬかという生物学的な領域ではなく、死刑をめぐる議論における文化的領域においてむしろ何かをもたらすのだ。(17)（傍点は原文ママ）

日本でも、死刑は積極的な機能を果たすから存置されているという側面がある。検察官にとっては、有罪判決や厳しい刑罰、そして世論の支持を得るために「死」という力を利用することを可能にする、実用的な手段である。政治家たちにとっては、票を獲得して議員としての地位を維持し、注目を集めるための手段となる。つまり、選挙ゲームを見物し投票する観客たちの前で、死刑が利用される。メディアにとっての死刑は、善対悪の戦いを描く刺激的なエンターテインメントであり、道徳劇である。一般市民にとって死刑は、日常は表現することが許されない怒りや嫌悪感、そして報復などのむき出しの感情を表明する機会を与えてくれる。そして犯罪被害者や遺族にとっては、応報や償い、そして抑止を達成するためのメカニズムであると信じられている。これらの信念は事実に裏付けられているというよりも感情がもたらすものである。しかしその信念を持つ者にとっては主観的に意味のあるものであり、社会学的に見ても、あるいは実際も重要なものである。

要するに日本の死刑が維持されている理由の一つは、死刑が様々な当事者やそれを見守る者にとって積極的な機能を有しているからである。死刑を批判する者は、この現実を直視する必要がある。

同時に、現在の日本の死刑制度そのものにも、欠けている点がいくつかある。

日本では、死刑が特別な刑罰であり、特別な手続や保障を必要とするものであるという理念が受け入れられていない（第2章参照）。3人の職業裁判官と6人の裁判員による裁判体は、職業裁判官1人以上を含む5対4の多数決によって被告人に死刑を言い渡すことができる。歴代の法務大臣は、死刑執行後の会見において死刑を「慎重に」執行していると強調する。しかし、以上のような事実からしても「慎重」な執行は本当になされているのであろうか。

日本はどのように死刑を執行しているのかを明らかにしていない（第3章参照）。死刑の執行を事前に公表すると、死刑制度そのものに対する批判や反対の声が湧き上がるだろう。それらの批判が向けられることを避け、死刑制度を維持するために、死刑執行をめぐる情報は秘匿されている。透明性や民主主義の観点から、これに問題はないのだろうか。

さらに、日本ではいまだに多くの冤罪事件が発見されていない（第４章）。これは、日本の刑事司法においては冤罪が起きないからなのか、それとも冤罪を見つけることができない欠陥をもつ制度だからなのだろうか。

これらの視点から日本が「していない」ことの多くについて、アメリカは対照的である。アメリカでは適正手続違反への懸念、執行の失敗、そして冤罪の発見などによって様々な死刑制度の改革が行われてきた。

日本は確かに「独特の」存置国である。しかし、他の存置国と共通する点もある。

例えば、シンガポールは世界の中でも有数の、適正手続モデルからはほど遠い人権侵害の度合いが高い死刑制度を有しているが、同国のある著名な法律雑誌は、冤罪のリスクを低下させるための「根本的な改革は必要ない」と主張する(18)。しかしこの主張は荒唐無稽である。

台湾では、民主化とともに死刑執行数は激減した。しかし近年、執行数は増加傾向にある。そして法律上も実務上も死刑が特別な刑罰とはされていない。また、死刑制度の運用においては重大な過ちが犯されてきた。例えば、無実の男性(江國慶)の執行が誤りだったことを、台湾政府も２０１１年に認めている。

中華人民共和国は、世界で最も多く死刑を執行している。その中国でも死刑に関する議論が近年高まりを見せている。しかしながら、死刑制度はいまだ闇に包まれたままであり、年間あたりの執行数さえ公表されていない。

カレーニナ原則は、様々な失敗を避けていくことで死刑制度の廃止が達成できることを示唆している。また、多くの廃止国で改革のために必要であった「人権ダイナミクス」の受容や死刑を支持する世論に対する「リーダーシップ」だけでは、死刑廃止への道が切り開けないことも示している。死刑廃止への道は、古代ギリシア人が「via negativa」と称した「否定への道」でもある。つまり、死刑を終わらせるときに立ちはだかる原理的問題や現実を乗り越えていく必要がある。(19)

幸福や成功を追い求めるときと、国家による殺人のない世界を追い求めるときにとるべき行動は似ているのかもしれない。「何をしてはいけないか」という否定の知恵は、「何をするべきか」という肯定の知恵と同様にパワフルなものなのかもしれない。日本はなぜ「独特の存置国」であるのかを考えることによって、世界の中でも有数の先進国である日本で、死刑がなぜいまだに存置され続けているのかというなぞを解くことができるかもしれない。

第2章　死刑は特別なのか？

日本の死刑制度の運用が「慎重に」行われていると当局はいうが、それは誤りである。死刑が言い渡される事件も、それほど重大でない事件と同様に扱われている。日本の最高裁判所は死刑制度が合憲であると１９４８年に判断した。そのとき「一人の生命は、全地球よりも重い」ことを認めた。では、日本の刑事訴訟法はなぜ、この事実を反映して死刑事件について慎重な手続をとっていないのだろうか。

本章では、日本とアメリカにおいて、死刑事件がどのように扱われているかを明らかにする。日本とアメリカは今なお死刑を存置し、死刑の言渡しや執行を定期的に続けている。この二国を見ると、法が二つの失敗を犯していることがわかる。アメリカでは、死刑事件において被告人に特別の手続や保障を提供すると約束しているが、その約束は果たされていない。しかし、日本では、そもそもその約束すらない。

日本は慎重に死刑制度を運用しているのか

千葉地方裁判所で2011年に行われた竪山辰美氏の殺人被告事件の公判では、1人に対する殺人を含む複数の犯罪に対して、死刑を適用するかが問題になった。竪山氏は強盗事件で7年の実刑判決に服役したが、北海道の月形刑務所から釈放された2週間後から2カ月にわたって複数の犯罪を犯した。竪山氏の弁護人は、3人の裁判官と6人の裁判員から成る裁判体に対し、異例の主張を行った。

浦崎寛泰弁護士は第1回公判期日の冒頭陳述で次のように言った。本件はおそらく死刑事件になる、判決を言い渡すことになる皆様は公判手続を特に注意深く聞いていただきたい、と。「死刑はとても厳しい刑罰です」と浦崎弁護士は言った。「ですから、慎重に適用されなくてはなりません。そして、どうしても死刑を適用しないといけない場合にしか言い渡されてはならないのです」。

2週間後、竪山氏の裁判の結審の日、検察官は論告で死刑判決を求めることを初めて表明した。その後、村井宏彰弁護士は最終弁論を行った。村井弁護士は、裁判官と裁判員の全員が死刑の言い渡しを適当であると判断した場合にのみ、死刑は言い渡されるべきであると述べた。裁判員法の下では、9人中5人が賛成すれば有罪を認定し、死刑を言い渡すことができる。

しかし、このようなルールは問題であると竪山氏の弁護団は主張した。村井弁護士は言った。「死刑は特に慎重に言い渡されなければなりません。もし全員一致にならないのであれば、極刑を言い渡さないで下さい」。

浦崎弁護士の予想は当たったが、村井弁護士の懇願は容れられなかった。竪山氏は死刑判決を言い渡された。判決言渡し後の裁判員の記者会見において、裁判員の1人は言った。「本当にこれで良かったのか。まだ疑問を持っています」。しかし、詳細を述べる前に裁判所職員が彼を制止した。日本の裁判員法には守秘義務条項があり、判決への反対意見を公表することは許されていない。同様に、最高裁が死刑判決を確定する際も、判事が反対意見を書くことを禁ずる不文律がある。(1) 死刑に関する情報を秘匿し明らかにしないというこのような政策によって、国家のもっとも重大な判断に関する議論が起きにくくなっている。

竪山氏の弁護人たちは、千葉地裁の裁判官と裁判員が死刑を適用することに慎重になるようにとの思いから、冒頭陳述や最終弁論を行った。アメリカの裁判所では、このような配慮は不要である。なぜならば、アメリカの検察官は弁護人と裁判所に対し、公判が開始されるよりもずっと前の段階で、死刑を求刑するか否かを明らかにするし、アメリカの死刑事件における陪審評決は全員一致でなければならないからである。12人の陪審員のうち、1人でも死刑を適用すべきでないと考えた場合には、死刑判決を言い渡してはならない。

日本では、死刑制度の関係者すべて――すなわち、検察官、裁判官、裁判員、弁護人、法務大臣、メディア、政治家、被害者や被害者遺族――が、生か死かという判断は、可能な限り「慎重に」行われないといけないと口をそろえる。しかし死刑事件の制度や手続の実際を見てみると、死刑事件は非死刑事件と同じ扱いを受けていることがわかる。

つまり、日本では死刑は特別ではない。

アメリカにおいて「死刑は特別」である

アメリカ連邦最高裁判所は他の刑罰と死刑とは二つの点で異なり、「死刑は特別である」と1970年代以降一貫して判断してきた。第一に過酷さと重さの点で、死刑は特別である。「究極の刑罰」たる死刑は、行為者の人格や更生を否定する。さらに、死刑の執行をすると後戻りができない。誤判の場合でも、いったん執行されると不可逆的である。

以上のような点から死刑が特別であるという認識のもと、死刑事件の被告人に対しては様々な特別の手続保障が与えられている。通常のデュー・プロセス（適正手続）保障では足りない。「スーパー・デュー・プロセス（超適正手続）」の保障が必要なのである。国際人権法も、同様の前提に立っている。

アメリカの刑事手続において、スーパー・デュー・プロセスが保障されていることから、以下の5点の帰結が導かれる。

第一に、死刑事件の公判は、二つの段階に分けて行われなければならない。はじめに被告人が有罪か無罪かを判断し、次に有罪であると判断された場合には量刑を判断する。第二に、死刑事件の陪審に対しては、量刑段階で裁量権を行使する際の指針として、刑罰を「加重する要素と減軽する要素」について裁判官からの指示が与えられなければならない。第三に、死刑判決が言い渡された場合には、被告人の意思にかかわらず、上訴されなければならない(自動上訴)。アメリカでは、ほとんどの法域で被告人は死刑判決に対する上訴権を放棄することができない。これに対して、日本では、一審で死刑判決を言い渡された被告人の約3分の1が上訴権を放棄する。第四に、アメリカの上級審裁判所は、量刑の言い渡しに不適切な格差がないかを判断するために、均衡審査と呼ばれる手続を行う。同じような事件は同じように、異なる事件は異なって扱われねばならないという原理にもとづいて、このような手続が行われる。最後に、死刑判決を言い渡すためには12人の陪審員全員が死刑を言い渡すことが妥当であると一致していなければならない。つまり、1人でも死刑判決に納得しない陪審員がいれば、死刑判決は下されない。だから、被告人側はこれを目指すことになる。アメリカ史上もっとも尊敬されている弁護士のひとりであるクラレンス・ダロウは、100人以上の死刑事件の弁護にあたった。そして、彼が弁護した被告人は、1人として死刑を言い渡されなかった。もし日本のような多数決制が採用されていたとすれば、ダロウの記録はまったく違うものになっていただろう。ただし、アメリカ法ではスーパー・デュー・プロセスが保障されているとしても、運用上その保障が常になされているとは限らない。アメリカにおける死刑事件の誤判率に関するある研究は、死刑評決の信頼性を大きく損ないかねない重大な誤判がアメリカの死刑制度に存在し、それが「蔓延している」と結論づけた。

この研究において「総合的な誤判率」は次のように定義されている。すなわち、1973年から1995年の間に重大な誤判があったとしてその後破棄された死刑判決の割合である。この定義によれば、総合的な誤判率は68パーセントであった。つまり、一審で言い渡された死刑判決のうち、3分の2はその後、上級審やその後の手続で重大な誤りがあるとして破棄されている。(2) 1977年以降に一審で死刑判決を言い渡された者のうち、2017年現在で執行された者は15パーセントに過ぎない。州ごとに見てみれば、割合が1パーセントにとどまるペンシルベニア州から、70パーセント以上にのぼるヴァージニア州まで、まちまちである。

アメリカの死刑事件公判においてよく見られる問題点は、次のようなものである。被告人の無実を示す証拠を隠したりその他の職務上の非違行為を行う警察官や検察官、無能な弁護人、法について適切な説明を受けなかった陪審員、偏見をもった裁判官や陪審員などである。アメリカの上級裁判所が重大な誤判を発見し再審理が行われた場合、10件中8件については死刑よりも軽い量刑が言い渡される。そして9パーセントの事件では、無罪判決が言い渡されている。

このような誤判が起きる原因は、死刑判決の多用である。その後、別の研究は次のようにいった。「当局が死刑を多用すればするほど、死刑事件における有罪の認定や量刑に重大な誤りがあるリスクは高まる」(3)。

日本はアメリカほど死刑を多用していないと、しばしば言われる。この見方は誤りである。人口100万人あたりで見てみれば日本の死刑執行率はアメリカよりも低いし、死刑を多用するテキサス州やヴァージニア州などに比べればはるかに低い。しかしながら、人口あたりの死刑執行率というのは、死刑がどの程度用いられているかをはかるために適した数字ではない。なぜならば(スターリン期の悪夢のような実務運用はさておき)、死刑判決を言い渡される人はランダムに決まっているわけではないからだ。死刑を言い渡される可能性のある事件の中から選ばれ、判決を受けて執行される。アメリカと日本では、殺人事件の中から選ばれるということになる。したがって、ここでは殺人事件の数の多寡を見なくてはいけないということになろう。

アメリカでは、殺人犯の2パーセント程度の者が死刑を言い渡される。ただし、この割合は州によって幅があり、コロラド州の0・4パーセントからネバダ州の6パーセントまでまちまちである。これに対して日本で殺人犯が死刑判決を言い渡される確率は、アメリカの多くの州とほとんど変わらない。1994年から2003年のあいだに、殺人犯が死刑を言い渡される割合は1・3パーセントであった。この数字は、アメリカのカリフォルニア州やヴァージニア州とほぼ同じである。2007年には日本における地裁での死刑判決言渡しが14件あり、アメリカでは110件あった。殺人数と死刑判決数との比率でいえば、この年にはアメリカよりも日本で死刑を言い渡される殺人犯の数が多いことになる。このようにして見てみると、日本では死刑が「慎重に」用いられているとは言いがたい。つまり、日本は精力的に死刑を用いている国なのである。アメリカでももっとも積極的に死刑を多用する一部の州に匹敵する。

日本において「死刑は特別」ではない

日本の当局は死刑を慎重に適用していると主張する。しかし、実際にはこの主張は誤りである。日本法はスーパー・デュー・プロセスを採用していない。日本の死刑は特別ではないことを示す(少なくとも)12の理由がある。* 日本の司法制度は、死刑について無関心なのである。

*ここに要約した12の問題点以外にも、いくつかの問題がある。例えば、日本は市民的及び政治的権利に関する国際規約の第2選択議定書(1989年に国連によって採択され、すでに70カ国以上によって批准)など、死刑に関する複数の国際条約を批准していない。また、日本には、終身刑の制度がない。死刑を存置しているすべてのアメリカの州、連邦および軍部の司法制度には、絶対的終身刑制度(仮釈放のない終身刑制度)がある。絶対的終身刑制度があれば、日本の裁判官と裁判員たちは、死刑か(仮釈放の可能性のある)無期懲役かという選択を迫られないはずである。2000年以降アメリカにおいて死刑判決や執行が減少した理由の一つに、絶対的終身刑制度の存在がある。

1. 当該事件が死刑事件であるか否かが事前に告知されない。

日本の検察官は、死刑を求刑するか否かについて、事前に告知しない。死刑を求刑することは、公判が結審する日の論告において初めて明かされる。すべての証拠が提出され、弁護人が最終弁論を行う直前である。

死刑求刑を事前に明かさないという検察官の方針があることで、アメリカの死刑事件弁護をする者であれば当然受けることができる制度的な支援を、日本の弁護士会は提供することができない。そして、死刑制度に対応するための「死刑事件の裁判」は事実上行われていないことになる。なぜなら検察官以外の者は公判が終了するまで、当該事件が死刑事件であることを知り得ないからである。

2．量刑だけを判断する独立の手続が存在しない。

日本における死刑事件の公判は、被告人が事実を争う場合であっても、有罪か無罪を判断する段階と量刑を判断する段階とに二分されていない。東京地方裁判所で２０１１年に審理された伊能和夫氏の公判でも、手続は二分されていなかった。伊能氏は最終的に裁判員裁判で死刑判決を言い渡された。しかし、裁判体は当時60歳の被告人がどういう人物であったのか、どういう人生を歩んできたかに関する情報を、何も提供されなかった。

日本の刑事司法制度の根幹には「精密司法」と呼ばれる正確な判断が存在すると日本の関係者は誇っている。それにもかかわらず、生かすか殺すかという判断をするときに、被告人個人に関する情報が与えられないというのは奇妙である。千葉地方裁判所での竪山辰美氏の殺人被告事件の公判においては竪山氏に認知障害や発達障害があるかが争われた。しかし、裁判長は、その判断をするために必要な専門家に関する被告人側からの証人請求を却下した。公判前整理手続において、裁判長は、そのような証言は裁判員を混乱させるだけだといった。

3．死刑を求める被害者の声が事実認定をゆがめている。

死刑事件の公判が二分されていないために、被害者や被害者遺族が事実認定手続（有罪か無罪かを認定する手続）において、どのような処罰を求めるかを陳述することが認められている。しかし、二つの観点からこれは非常に危険である。第一に、これまでの研究によれば、厳罰を求める被害者らの声を聞いたとき、事実認定者は被告人に対して有罪を言い渡す可能性が高まるからである。第二に、被害者らがどのような処罰を求めるかという問題は、有罪か無罪かという判断とは関係がない。

原理的にいえば、このような実務を正当化することはできない。したがって刑事訴訟法上、裁判官は裁量で被害者陳述を認めないこともできる。しかし、ほとんどの場合において、裁判官は被害者の陳述を認めている。

２００８年から開始された「被害者参加制度」は被害者や被害者遺族の権利を拡張し、彼らの声を強めた。しかし、被害者参加制度のもとで法廷に現れる厳罰を求める感情的な声は、真実発見を阻害する（被害者参加制度については、第5章で詳述する）。

東京地裁における伊能和夫氏の殺人被告事件公判において、遺族たる被害者の息子は、被告人に死刑を科すべきであると陳述した。この意見の陳述が行われたのは公判が始まって2日目で、事実の認定さえほとんど始まっていなかった。千葉地裁での竪山辰美氏の殺人被告事件の最後の公判期日では、合計9人(被害者遺族である親2人、彼らの代理人、4人の被害者、そして2人の検察官)が計195分の間、竪山氏が死刑に処されるべきであるとの意見を次々に述べた。これに対して被告人側に与えられた時間はわずか60分であった。

4. 慎重な裁判進行がなされない。

2009年から開始された裁判員裁判は、日本の刑事手続における「精密司法」の重要性を減じた。特に死刑事件についてはそのことが顕著である。

2009年より前には、死刑事件の裁判は何カ月間も、ときには何年もかけて行われた。公判期日が数週間に1回あるいは数カ月に1回しか開かれなかったため、裁判の終結までに争点について何度も検討する時間がすべての関係者に確保されていた。

もちろん、このような方法にも問題はある。「裁判の遅延は裁判の拒否に近い」といわれるし、ときには裁判の途中で裁判官が転勤になることもあった。しかし、欠点はあったにせよ、従来の方式は迅速過ぎたわけではなかった。これに対して、裁判員制度の開始後、多くの死刑事件の裁判は非常に簡単に終結している。多くの裁判官は、公判が「時間通り」に行われるべきだと強調する。効率的な裁判の進行が強調されれば、裁判員裁判の迅速化を推し進めようと以前からがんばっていた最高裁は満足するかもしれない。しかし、本来、迅速な裁判の進行よりも、死刑の慎重な適用という目的が優先されるべきではなかろうか。

5．死刑の適用基準が曖昧である。

最高裁は、１９８３年の永山事件判決の中で、死刑を言い渡す際に考慮しなければならない要素を列挙した。これらの要素は、いわゆる「永山基準」と呼ばれる。しかし、永山基準は死刑か否かを判断する裁判官と裁判員にほとんど指針を与えてくれない。多くの裁判員がこのことに裁判後の記者会見で言及している。そして、多くの法律の専門家は、永山判決の９つの要素は裁判所が考慮すべき事情を列挙したものに過ぎないと考えている。永山判決は、それぞれの要素の衡量の方法についての指針にもならない。要するに、日本において死刑か否かという判断は、法の支配が及ぶ範囲の外にある。

6．自動上訴制度がない。

日本では、死刑判決への自動上訴制度がない。近年では死刑判決のおよそ3分の1が最高裁によって審査されることなく確定している。慎重さを欠くだけではなく、死刑か否かという判断が恣意的になる危険性もある。

果たして、執行を求めて上訴を取り下げる者の生命は、無実を争う者と比べて軽いのだろうか。

7．裁判員を選任するための特別な手続がない。

日本には、殺人事件の裁判で裁判員を選ぶ際の特別な手続がない。被告人側も検察側も、理由を述べずに裁判員候補者を数人ずつ忌避することができる。しかし、裁判員候補者となっている人々に関する情報が全く与えられないため、この手続は憶測ゲームのようになってしまっている。選任手続のときに、裁判員候補者に対して意味のある質問をすることは認められていない。

さらに、公判中に裁判員が辞退することもある。伊能和夫氏の裁判では、証人に対して積極的に質問をしていた一人の裁判員が、結審後の評議中に交替した。裁判長はこの事実を当事者に知らせなかった。被告人側がこのことを知ったのは、死刑判決が言い渡された後であった。竪山辰美氏の裁判では、第1回から第8回の公判期日までの間、ある裁判員が何度も居眠りを繰り返した。弁護人は裁判長に対して、裁判の公正さに関わるから裁判員に注意するよう求めた。しかし、自身も公判中に居眠りをしていた裁判長は、最後の公判期日の前日まで何も対応しなかった。裁判員が殺人事件の公判中に居眠りをしていたことに驚愕した数人の傍聴人からの聴取書を添え、弁護人が抗議の申立書を提出して初めて、裁判長は行動を起こしたのだった。

レギー・ワルトンというアメリカの連邦裁判官は、陪審員が公判中に居眠りをすることを戒め、次のように言ったことがある。「寝ながら聞くなんていう超人的な能力を神様から授けられた人はいないと思いますよ」。日本の裁判官の中には、このように考えない人もいるのだろう。*

*筆者自身も竪山氏の事件で、裁判長に手紙を書いた。弁護人はこの手紙を裁判所への申立書に添付した。その一節をご紹介する。「6月14日午後、私は裁判員2番が何度居眠りをしたかを数えました。1時15分から1時45分の間に、彼は少なくとも33回居眠りしました。30分で33回です。裁判員2番はこの間(もそのほかのときも)、ほぼずっと寝ていたのです。もちろんもっと長時間にわたって監視することもできましたが、人が居眠りするのを観察し続けるのは、けっして面白いことではありません。

ですので、1時45分には数えるのをやめてしまいました。もし2番さんが車を運転していたのならば、とっくに事故を起こしていたでしょう」。そして、手紙を次のように締めくくった。「裁判長ご自身も、この裁判中に居眠りをされていました。しかし、裁判員2番ほどはあからさまに寝ていませんでした し、そこまで何度も寝ていたわけではありません。ですから、裁判長の辞任を求めようとは思っていません。でも、殺人事件の裁判中には起きていた方が良いと思います。裁判長は、そう思われませんか」。裁判長からの返答はなかった。

8．公開の法廷で、法についての説示がなされない。

日本では、裁判長が裁判員に対して法についての説示を行うのは、非公開の評議室の中である。検察官、弁護人、そして傍聴人が説示という重要な手続がどのように行われているのかを知り得る公判廷で行われるのではない。一部の裁判官が検察官に親和的な(そして死刑の適用に親和的な)法に関する説示を裁判員に対して行うであろうことは、想像に難くない(4)。裁判員に対して公開の法廷で説示を行わないというこの運用は、被告人の公開裁判を受ける権利を侵害する。

9．全員一致制が採用されていない。

日本では、裁判官と裁判員全員が、死刑判決が妥当であると認めなければならないという全員一致制のルールがない。9人中7人か8人の多数が極刑に同意していないといけないという「特別多数制」すら採用されていない。日本では、死刑を言い渡すためには「混合多数」（少なくとも1人の裁判官を含む5人）が同意していれば足りる。

これで、本当に死刑について「慎重」であるといえるだろうか。

10．弁護人が消極的である。

死刑が特別ではないという考え方は、日本の刑事弁護人たちにも影響を与えている。彼らは死刑事件において、検察官の主張に対し活発な反論をしないのである。

筆者が傍聴した死刑裁判の一部では、弁護人たちは検察官の主張に対して、おそろしいほど受け身だった。また、死刑自体の妥当性に関する主張も、直接的に行わなかった。驚くべきことに、日本の弁護士たちは過去50年間のあいだ、死刑の違憲性や絞首刑の違憲性についての一般的な主張を、ほとんど行ってこなかった。*

*第3章で詳述するように、例外が一つだけある。2011年の高見素直氏の裁判において、弁護人は絞首刑が残虐な刑罰にあたり、違憲であると主張した。しかし、大阪地方裁判所は「違憲ではない」

と判断した。

弁護人が消極的になる背景には、いくつかの理由がある。最高裁がこの間ずっと保守的な立場を採ってきたことも理由の一つだろう。しかし、アメリカとの比較で見ると、アメリカでしばしば行われる法的な主張を日本の弁護士たちが行おうとしないというのは、死刑という刑罰の正当性を日本の弁護士たちが受け入れているからであるようにも思える。さらに、最近まで、日本の刑事弁護人は被告人のライフヒストリー(生活史)に関する詳細な証拠を提出しようとしてこなかった。

アメリカの死刑事件の量刑手続では、被告人のライフヒストリーに関する証拠が提出されることが多い。アメリカで死刑判決が劇的に減少した最大の理由の一つに、「減軽専門家」による情熱的な尽力がある。減軽専門家は死刑事件において被告人の「ライフヒストリー」をつぶさに調査し、死刑を言い渡すべきか否かを判断する陪審員たちに対して詳細に呈示する。日本には3万人以上の弁護士がいるが、減軽専門家はひとりもいない。日本の刑事弁護の大部分をになう国選弁護人に対する報酬支払いガイドラインを見ても、被告人のこれまでの人生に関する説得的なストーリーを組み立てるために必要な作業をするというインセンティブが働かないことはよくわかる。竪山辰美氏の主任弁護人には、より軽微な刑事事件で支払われるのと同じ報酬しか支払われなかった。弁護人は適正な報酬の支払いを求めたが、裁判所はこれを容れなかった。死刑事件に関する特則が、報酬支払いガイドラインに見られないからである。経済的な面で見ても、死刑は特別でない。

11. 検察官による上訴が可能である。

死刑判決が言い渡されなくても、日本の検察官にはもう一度チャンスが与えられる。地方裁判所が死刑判決を言い渡さなければ検察官は控訴し、高等裁判所に原判決の破棄を求めることができる。「光市母子殺害事件」では、このような検察官控訴が行われた。この事件では、事件当時少年だった被告人が2008年に広島高等裁判所で死刑を言い渡された。彼は、その9年前に山口県光市で、ある女性とその娘の乳児を殺害したとして起訴されていた。

死刑判決が言い渡されなかったばあいに検察官の上訴権が認められていることによって、同じ事件が同じように扱われているかを上級審がチェックし一貫性を確保するということも可能になるだろう。しかし、そもそも証人尋問などの証拠調べ手続が行われる第一審とは異なって、一般的に上級審での刑事公判はすぐ終了するし、雑に行われる。ここでも死刑事件に特別の手続や保障が不要であるという考え方を見て取ることができる。

12．秘密主義に包まれ議論や検証ができない。

次章で詳述するように、日本の絞首刑の執行は秘密のヴェールに包まれている。それは、他の死刑存置国にも類をみない。なぜ日本は絞首刑について黙して語らないのか。それは、死刑が特別でないという事実を含む自国の死刑制度の様々な側面を、外部からの検証や批判から守るためである。さらに裁判員の守秘義務の問題もある。裁判員には守秘義務があり、裁判に関与することによって得た「秘密」情報を公表してはならないという義務を法律上負う。保秘が強制されることで、いかにして生か死かという判断が行われているのかを一般市民は知りえず、したがって議論もできない。日本の死刑制度は秘密性と沈黙に取り巻かれている。しかしそこからは、死刑を慎重に運用したいという熱意を読み取ることはできない。

法の二つの失敗

２００９年に裁判員制度が開始するまでの数年間に、日本の各地で５００回以上の「模擬裁判」が開催された。主たる目的は、新たな裁判員裁判の制度で起こりうる問題を未然に防ぎ、裁判の根本的な改革にはつきものの様々な複雑な状況に備えるためだった。しかしこれだけ入念な準備をしたにもかかわらず、検察官が死刑を求刑し、裁判体が死刑量刑をすべきか否かに向き合わなければならなくなったという設定の事件が模擬裁判で取り上げられることは皆無だった。ここでも、死刑が特別な刑罰でないという日本の考え方を見て取ることができる。

死刑が特別でないという考え方は、日本の裁判制度のあらゆるレベルで明らかである。最高裁もこの考え方を採用している。筆者は以前、朝日新聞のベテラン記者（山口進記者。日本の最高裁についての共著がある）に、最高裁が死刑を特別な刑罰と考えているかについて質問をしたことがある。(5)はい、と彼は答えた。それでは最高裁がどのように死刑が特別だと考えているかと尋ねると、彼は二つの答えを呈示した。しかし、それらの答えはいずれも、最高裁が死刑を特別な刑罰であると考えていることを示す根拠にならなかった。

山口氏の答えの一つめは、こうだ。死刑判決を確定させる判断を行う前に、最高裁は弁護人に口頭弁論を行う機会を与えている。口頭弁論は、最高裁の段階においてほかの刑事事件の弁護人には与えられていない特権である。

しかし口頭弁論が実際には（多くの弁護人が言うように）「空虚な儀式」になっているのではないかと尋ねると、山口氏は、口頭弁論が儀礼的になっていることを認めた。

二つめの答えは、日本の最高裁の判事たちは死刑事件では「慎重に」訴訟関係資料に目を通していることがいない、というものであった。この答えは二つの意味で示唆的である。第一に、判事たちは他の事件で記録を慎重に読んでいない可能性があることを意味する。第二に、判事たちが記録を「慎重に」読んでいるに違いないと信じていること自体が、死刑事件において特別の手続や保障――「スーパー・デュー・プロセス」などはもってのほかである――が不要であるという前提に立っている。筆者はここ30年間、日本の刑事司法制度を研究してきた。しかし、最高裁の判事もその他の裁判所の判事も、信頼すべきという理由はないと思う。過去数十年にわたってそうしてきたように、裁判官は検察官の意見にこれからも従い続ける可能性が高いのではないか。筆者は、日本の一部の著名な刑事法研究者と同じく、このような懸念を抱いている。(6)

それでは、死刑事件が上告されたとき、アメリカと日本の最高裁判事はどのように対応するのだろうか。

1972年のファーマン対ジョージア事件判決の中で、連邦最高裁のサーグッド・マーシャル判事は次のような有名なことばを残した。もしアメリカの国民が死刑制度の現実を知ったならば「ショッキングで、不公正で、受け入れがたい」ものだと考えるにちがいないと言及したのである。「マーシャル仮説」と呼ばれたマーシャル判事の予測は、その後多くの研究の対象となった。実際、連邦最高裁に在任中に、多くの判事が死刑に関する態度を変化させた。マーシャル仮説が真実であることを示すもっとも良い実例である。

例を挙げる。ファーマン判決は当時の死刑の運用が「雷で打たれるようなもの」であって恣意的であり、違憲だと判断した。その後、いくつかの州で死刑を復活させるための新たな州法が制定された。連邦最高裁は、1976年のグレッグ対ジョージア事件判決において、これらの州法が合憲であると7対2で判断した。グレッグ判決は、4年前のファーマン判決によって停止したアメリカの死刑制度を再稼働させた。多数意見の7票のうち、3票はパウエル判事、スティーブンス判事、ステュアート判事によるものだった。その後、本章でも明らかにされた様々な「死刑事件の誤り」に直面した後、連邦最高裁判事を退職する頃には、3人の判事たちはいずれも、死刑制度を公正に適正に、そして誤りなしに運用するということは不可能であると考えるようになった。死刑制度の実際の運用を知ることで、そのあり方について批判的になったのだ。

ある著名な死刑研究者は、アメリカの死刑制度の実務運用は核心的な法理念とあまりに大きく齟齬をきたしており、「法を愛する者は死刑を嫌悪せざるを得ない(7)」と述べた。同様に、アメリカでもっとも権威ある司法改革機関であるアメリカ法律協会は、1963年に策定した模範刑法典内の死刑基準に対する承認を２００９年に撤回した。なぜなら、被告人に死刑を言い渡すべきかを決定する陪審に対して、死刑基準が適正な指針を与えていなかったからである。別の研究者がいうように「現代の死刑量刑システムを作り上げた人々自身が、そのシステムを否定するにいたっている。なぜなら、〔１９７２年に〕ファーマン判決が違憲であると非難した死刑制度と、くじ引きのような現在の死刑制度は、区別できないからである。最高裁が１９７６年に〔グレッグ判決において〕あまりにも拙速に承認してしまった〔死刑の〕装置は、すでに明白な失敗であることが明らかになっている(8)」。

つまり、アメリカの死刑制度については次のことがいえる。死刑制度を公平に公正に、そして正確に運用するために、多くの法的な約束が取り決められたが、それらの約束の多くは守られていない。しかし、法の失敗は様々な形態をとる。アメリカの死刑に関する法は約束を守れておらず失敗している。しかし、日本の法は、そもそも約束すらしていない。日本には、熱意もなければ、政治的な意思もない。死刑の運用についての理想があまりに低いために、日本の最高裁の裁判官は死刑に対する考え方を変えていない。死刑を言い渡す際の条件がほとんどない日本では、そもそも現在の死刑制度への失望もなく失敗もない。そして、現状を変える必要さえないと考えられている。*

＊アメリカの連邦最高裁の判事には死刑について多くの「転向者」がいるのに対して、日本の最高裁に少ない理由はもう一つあるだろう。アメリカの最高裁では、平均で26年間判事を務めるのに対して、日本では6年である。最高裁判事としての勤務期間が長いアメリカの方が多くの死刑事件を担当し、多くの死刑事件における誤判に遭遇することになる。

日本の死刑制度の行方

それでは、どうするのか。今後、日本では、死刑制度を二つの方向へと変えていくことができるだろう。

一つは改革の道である。70年前に最高裁が述べた「一人の生命は、全地球よりも重い」ということばを裁判所も立法者も真摯に受け止めるべきである。刑事訴訟法の改革も必要だし、死刑事件の公判を二分して、量刑手続を別途設けること、死刑判決を言い渡すために多数決で足りるとするのではなく、より厳格な評決ルールを作ることなどの改革も必要である。しかし、改革のためにもっとも根本的に必要なのは、日本の裁判官たちが法にさらなる忠誠を誓うことである。

そして、死刑制度の運用が公正で正確に行われるのは不可能であるという理由から、死刑制度を放棄するというもう一つの道が考えられる。日本とは違い、アメリカは努力を重ねて死刑制度を構築してきた。それにもかかわらず、アメリカの死刑制度は大きく失敗している。ハリー・ブラックマン連邦最高裁判事は1994年に次のように言ったことがある。

今後、私は死の装置を修理しようと試みることをやめようと思う。20年以上ものあいだ、私は死刑制度を是正するために、単なる公正さの外観以上のものをもたらすルールを作るために……努力を続けてきた。……しかし、必要な公正さのレベルは達成されたという当裁判所の幻想を受容するのではなく……私は……端的に死刑という名の実験が失敗したと言わざるを得ないと考えている。手続上のルールや実体的な規制をいくら行っても、死刑そのものに内在する憲法上の欠陥を補正することが不可能であるということは、自明である。……〔死をもたらす〕刑罰の恣意性を拭い捨てて公正さを保持しようとする試みが、失敗するという結論にいずれ当裁判所は達するであろう。そして、死刑そのものを廃止しなければならないと考えるだろう。……もしかしたら私の生きている間にはそうならないかもしれない。でも、いつかはそうなると信じている。

アメリカは半世紀近くもの間「スーパー・デュー・プロセス」のシステムを構築しようと試みてきた。日本も同じくらいの時間を費やせば、ブラックマン判事が嘆いたアメリカの結果よりはましな成果が得られる可能性はある。でも、実際には難しいのではないかと思う。アメリカとの比較をとおして、何が可能で何が不可能かを理解するヒントを得るべきだと思う。アメリカが死刑について実施してきた長い実験を見てみると、無実の者や死刑を言い渡されるべきでない者を死刑にしてしまうことなしに、ごく少数の死刑相当事案だけに死刑を言い渡すことは不可能なのではないかという示唆が得られると思う。死刑を存置している国にとって、これは極めて重要な問題である。日本と同じく例外的に、民主国家で死刑を存置するアメリカが提供している豊富なエビデンスを無視するのは、得策ではない。

日本がどういう道筋をたどっていくにせよ、これだけはいえる。死刑が特別でないという現在の日本の考え方は非常に問題である。もしかすると、日本の死刑の運用が今よりも改善するということはないのかもしれない。しかし、もし日本が今後も死刑を存置しようとするのであれば、運用を改善する努力は、当然されるべきである。

第3章　国が隠れて殺すとき

日本でも他の多くの国でも、死刑はかつては公開の場で執行されていた。統治者が臣民に対し、正義を実現する時に働く政治の力や宗教的な力を見せつけるという目的があった。しかし今日、死刑の執行は取り立てて喧伝することもない出来事であるとされ、それを権力作用とは見て取れない。死刑の執行を続けている国の多くで、役人たちはできる限り秘密裏に人目につかないように死刑を執行しようとする。その目的が達成できているとは限らないが、日本の死刑執行の密行性と沈黙は、他国とは比べものにならないくらい極端である。

国が隠れて死刑を執行する日本の特徴は、次の10点にある。

1．死刑確定者は、実際に死刑が執行される1時間から2時間前になるまで、執行の日時を知らされない。「お迎えが来たぞ」と突然告げられるこの方式は「不意打ち」と呼ばれている。多くの死刑確定者は、数年もあるいは何十年もの間、毎朝のように今日が最期の日になるのではないかという恐怖感にさらされながら過ごす。
2．受刑者の親族は、執行後にその事実を知らされる。一部役人を除き、弁護人、メディア、その他社会のすべての人々も同様である。これにより批判や反論が抑えられている。
3．一部のケースでは、執行を行う刑務官たちもほとんど事前に告知されない。事前告知されれば仕事を休む可能性があると思われているからである。
4．絞首の場に第三者が立ち会うことは一切認められていない。したがってジャーナリスト、受刑者や被害者の親族や友人も一般市民も執行に立ち会うことはできない。アメリカのある研究によれば、すべての死刑執行の3パーセントから5パーセントは失敗し、執行の経過中、受刑者が長時間苦しむことがある。日本における死刑の失敗率は不明である。なぜなら、死刑の失敗について言及しそうな人々は執行の現場から排除されているからである。
5．研究者や記者は、死刑に関する記録へのアクセスを拒否されている。これによって死刑に関する研究や報道が阻害される。
6．一般市民やメディアは、死刑が執行されていないときでさえ、ほとんど刑場を見ることができない。
7．死刑の執行には「教誨師」が立ち会うことができるが、死刑確定者はどの人に立ち会ってほしいかを選ぶことができない。教誨師は国が認めた聖職者の中から選ばれる。そしてその中に死刑廃止を明言する者はいない。「政治的」であると見なされる活動をした場合には、候補者から除外される。また、死刑確定者に希望を抱かせるような言動も禁止される。

8．法務省は、批判や反論を最小限に抑えられるように、死刑執行の日程を戦略的に選んでいる。

9．法務省は死刑を執行される受刑者がどのようにして選ばれたのか、他方で執行されないままの者がいるのはなぜなのかの理由を説明しない。２０１７年段階では、１２２人の者の死刑判決が確定していた。しかし、そのうち毎年死刑を執行される者はごく一部であり、選別の基準は公表されていない。

10．死刑判決の言渡しから執行まで、死刑確定者は面会や通信を国によって制限され、社会的に葬り去られている。このような運用の理由は死刑確定者の「心情の安定」をはかり、「死の準備をさせるため」であると説明される。しかし、肉体的な死の前に社会的に殺すことにより、実際には「円滑な」死刑執行が可能になっている。生きる気力を削がれた死刑確定者たちは執行に抵抗しなくなるからである。(1)

近年、日本における執行の運用の透明性が、少しだけ増したように思う。死刑確定者のうち誰がいつ執行されるかの決定権を法的・実務的に握る法務省は、執行後に執行された受刑者の名前と、執行の理由となった犯罪について短いコメントを発表するようになった(１９９９年までは、まったく公表していなかった)。第1章で述べたとおり、２０１０年には当時の法務大臣の千葉景子氏が法務省内に勉強会を立ち上げ、日本の死刑制度について一部の人々に公開したうえで定期的な議論をすることにした(ただし勉強会は、結局のところ改革への動きには結びつかず、関係ない理由で終了した)。千葉大臣はまた、東京拘置所の刑場を一部の記者に公開した。記者たちは日本に7カ所ある絞首刑の執行場の一つを見ることができた。しかし、使われていない刑場を数人の記者に見せても、誰も野球をしていない東京ドームに座っているようなものである。見学をしても、どのように実際の活動がそこで行われているかは全くわからない。

変化はあるものの、日本の死刑執行の沈黙の壁はいまだに厚い。図は、この「死刑の報道統制」の様子を示す。これは、最近の執行で何が起きたのかに関する情報公開請求をした弁護士に対し、法務省が開示した文書である(開示された他の文書でも、白い部分と黒塗りの部分の割合はこの文書と同じだった)。死刑執行始末書には、死刑執行の日(２００7年8月23日)は

様式第6号（刑訴法第478条，規程第10条）

死 刑 執 行 始 末 書

平成19年8月23日

[redacted]検察庁　検察事務官

[redacted]検察庁　検察官検事

[redacted]所長　法務事務官 [redacted]

下記死刑執行の次第につき，[redacted]所において刑事訴訟法第478条によりこの執行始末書を作り，執行立会者とともに署名押印する。

1　氏　　名　[redacted]
2　本　　籍
3　刑事施設名　[redacted]所
4　上記の者に対する死刑執行の始末は，次のとおりである。
(1)　執行の日　平成19年8月23日
(2)　執行の場所　[redacted]所
(3)　執行された死刑の判決
　言渡し裁判所　[redacted]
　言渡しの日
　確定の日
(4)　法務大臣の執行命令　平成19年　8月21日
(5)　執行指揮　平成19年　8月21日
　執行指揮者
　[redacted]検察庁　検察官検事　[redacted]
　~~執行指揮嘱託者~~ [redacted]
　~~検察庁　検察官検事~~ [redacted]
(6)　執行立会者　[redacted]検察庁　検察官検事 [redacted]
　[redacted]検察庁　検察事務官
　[redacted]所長　法務事務官
(7)　執行経過
　別紙記載のとおり。

（注意）　事例に応じ，不要の文字を削ること。

図　死刑執行始末書(1)

明かされているものの、他の情報についてはほとんどすべてが黒塗りされ隠されている。執行された死刑確定者の名前、執行の場所、死刑判決を言い渡した裁判所の名前、執行に立ち会った人の名前と肩書き、そして(もっとも黒塗りの大きい箇所であるが)執行中に何が起こり、何が起こらなかったかという「執行経過」に関する報告である。

日本の役人たちは、死刑執行がなぜ密行されている

別紙

執行経過

[redacted]

これは謄本である。

平成19年8月23日

[redacted]検察庁

検察事務官 [redacted]

図　死刑執行始末書(2)

のかについてほとんど説明しない。説明してしまえば、密行政策と矛盾するからである。ただし、正当化をすることはある。しかし、説得的な説明はできていない。役人たちは、密行は死刑確定者自身のためだという。しかし、研究によれば日本の死刑確定者の多くは執行の日付の告知を望んでいる。そうすることによって死への準備ができるし、「今日がその日だろうか」と毎朝起きた時に不安に思う気持ちがなくなるからである。

役人たちは密行性が日本の伝統であるともいう。しかし、実際には、秘密の範囲は戦後、戦略的に拡大されてきた。「伝統」というが、最近の発明なのである。

彼らはまた、密行性が死刑を執行する刑務官の利益のためだという。しかしこれは、密行主義が国の利益にかなうということを自認することになる。つまり、死刑が可能な限り匿名で、淡々と、そして論議を呼ばない形で行われるという利益である。これは民主的な価値とはいえない。

役人たちは、アメリカ的な死刑執行の方法(最期の日までつづく上訴や、刑務所の塀の外で「許しを」「殺せ」と叫ぶデモ)は不適正だし見苦しいともいう。しかし、「アメリカの方がひどい」からといって、日本の「お迎えが来たぞ」というのが良い方法だとはいえない。この説明を聞くと、兄がもっと悪いことをしたのだから自分のいたずらは許されるはずだと言い訳をしたときに、母親がよく「それは別の話よ!」といったことを思い出す。

フランスの作家でノーベル文学賞を受賞したアルベール・カミュは次のようにいった。「死刑が必要であるけれどもそれについて議論しない方がよいというよりも、死刑が本当はどのようなものであるかを議論した上で、それを前提としても必要といえるのかを議論した方がよい」。

日本の役人たちは長い間「秘すれば花」戦略をとってきた。2009年に始まった裁判員裁判（3人の職業裁判官と6人の一般市民が重大な刑事事件において事実認定と量刑を行うという制度）においては、殺人事件において一般市民が被告人の生か死かという判断に責任を負うことになる。この責任が生まれたことで、死刑問題についての社会的な議論は高まった。とりわけ死刑制度の必要性には関心が寄せられることになり、国の役人（特に刑場を管理する法務省の役人たち）によって死刑に関する情報がもっと開示されるべきであるとの声も高まった。国が人を殺すべきか、誰を、何人殺すべきかなどの根本的な問題について意味のある議論をするためだ。この意味で「どのような方法で」日本で執行が行われているかについて、近年関心が高まっている。

本章では、絞首刑（1882年以降、日本の唯一の執行方法である）の執行の実態の説明と議論について、二つの情報を提供する。第一に、最近発見された1945年から1952年のアメリカ占領期の資料である。これにより、その後の日本の密行主義によってわからなくなってしまった絞首刑の実態が明らかになった。第二に、2011年に大阪で行われたある死刑事件の裁判を紹介する。この事件では、日本の最高裁判所が１９５５年に絞首刑を「合憲」であると宣言して以来はじめて、絞首刑の違憲性について正面から争われた。これらの二つの情報は、日本の最高裁の15人の判事と30人あまりの最高裁調査官、そして死刑を支持している日本の大多数の市民に対して重大な質問を投げかける。

死刑の執行を人道的に行うことは可能なのだろうか。

占領期の真実

死刑を執行する国は、死刑をどのように正当化するかという問題を投げかけられる。国家が刑罰を科している殺人と、国家による殺人とはどのように違うのか、説明をしなければならないのだ。

アメリカにおける正当化戦術の一つは、より「安らかに」、より「人道的に」殺すというものであった。死刑確定者に「より親切で安らかな」死を与えるというこのアプローチがとられたからこそ、アメリカではこの一世紀にわたって頻繁に執行方法を変えてきた。アメリカでは、絞首刑、電気椅子、ガス室、薬物注射というように、執行方法が移り変わってきた。「必要」以上に苦痛を科さずに殺すというアメリカの試みは、執行される者の苦しみを軽減するというよりも、死刑執行人や立会人にとって死刑が「近代的」なものであることを納得させるために進められた。

同様の正当化問題に直面している日本の答えは、アメリカとは大きく異なる。

古い絞首の方法が失敗して新しい絞首台が導入された1873年以降は、日本の死刑の執行方法にはほとんど大きな変化はない。日本の7つの刑場では、今日でも絞首刑しか用いられていない。また1955年に最高裁が絞首刑の合憲性について判断した後は、他の執行方法に関する議論はほとんど見られない。議論が見られないのは、日本の執行方法が人道的だからではない。インド、パキスタン、シンガポール、マレーシア、イラン、イラクと同様、日本においても絞首刑の目的は脳幹から脊髄を切り離すことにある。最初の落下の衝撃が致死的でない場合、窒息によって死がもたらされる。

他国と同様、日本でも一部の死刑の執行は確実に失敗していると思われる。執行が失敗して、刑務官のひとりが柔道の絞め技によって事を終わらせたということを刑務所当局の人間から聞いたことがあると、ある元検察官が筆者に語った。日本において執行方法に関する議論が見られないことは、おそらく死刑の密行性による。「優しく殺す」のではなく、「秘密裏に殺す」ことが、日本の正当化のための戦術なのである。

アメリカにおいて薬物注射による執行が行われる理由の一つが、国による殺人は人道的に行われるのだから殺人とは異なるというものである。日本では国の殺人は国の問題だということなのだろう。

アメリカの占領によって日本の死刑には二つの後遺症がもたらされた。第一に死刑の存置である。占領軍は、第二次世界大戦後にドイツで死刑を廃止したように、日本の死刑を廃止することもできた。しかしその選択をしなかった。なぜならば東京裁判において「戦犯」たちに死刑判決を言い渡そうと決意していたからである。第二に「検閲された民主主義」政策である。日本のその後の死刑密行主義に見られるように、受け身的な服従という政治意識を植え付けるのに役立った(2)。つまり、日本の密行主義・沈黙主義は日本自身による発明であるとは言い切れない。

関西大学の永田憲史教授は、国立国会図書館のマイクロフィッシュの中に、1948年から1951年に絞首刑を執行された46人の記録を発見した。アメリカ軍と総司令部(GHQ)および連合国軍の最高司令官(SCAP)だったダグラス・マッカーサーによって日本が統治されていた時期のものである。

記録には死刑執行起案書、死刑執行始末書、そして手紙が含まれていた。これらの記録は死刑が執行された刑務所長や拘置所長によって書かれたものであった。１９６０年代から１９７０年代にかけて完成した密行主義によって日本の絞首刑がカーテンの後ろに隠れる前の状況を見て取ることができるこれらの資料は、極めて重要である。

46件の絞首刑は、この33カ月間の間に執行された絞首刑の4割に少し満たない数である。もちろんこれらの記録によってすべてがわかるわけではない。残りの6割の絞首刑に関する記録が存在しないからである。しかし、残された記録は受刑者の年齢や社会的地位、遺言、執行にかかった時間などについて重要な事実を教えてくれる(3)。

占領期の記録によれば、１９５０年代以降、死刑を執行された者の年齢が上昇したことがわかる。占領期の記録群では絞首されたものの平均年齢は27歳で、もっとも若年の者は23歳、もっとも高齢の者は63歳であった。これに対して最近の数十年では、執行時の平均年齢は56歳であり、当時の年齢の約2倍である。１９９３年から２０１２年までの20年弱において、執行された者の4割近くは60歳以上であった。日本の死刑確定者はおそらく世界でもっとも高齢化が進んでいる。その理由はおそらく二つある。第一に、日本の殺人率は１９５０年から劇的に減少した。この減少の主要因は、若年男性による殺人の比率が大きく減少したことである。若年殺人者が減少したことで、殺人犯の割合の多くをより高齢の者が占めることになった。第二に、

1940年代と1950年代の日本においては、死刑判決が確定してから数カ月以内に死刑が執行されていた。これに対して今日では、死刑判決が言い渡されてから、長い上訴手続が行われる。また、執行の密行性によって、高齢の市民がどのように絞首刑を執行されるのかということへのメディアの注目は集まりにくい。2006年のクリスマスの日に絞首された2人の受刑者はそれぞれ75歳と77歳であった。いずれも刑場まで歩くことができず、さらに執行時に再審請求の準備中であった。しかしながらその後のメディアの報道では、これらの事実はほとんど明らかにされなかった。

占領期の記録によって、日本でもその他の死刑存置国と同様、死刑を執行されるものの多くが貧困であり、社会とのつながりが弱いこともわかった。46人のうち7人(15パーセント)は韓国人であった。太平洋戦争終了時において日本にいた韓国人は全人口の3パーセントに過ぎなかった。つまり、このサンプルにおいて韓国人は5倍も「多い」。一部の死刑事件では、SCAPの役人たちは日本の裁判官が量刑において韓国人差別をしているのではないかと懸念し、上訴が尽きた後に特別の「韓国人に対する量刑の検討」を行っていた。

さらに、占領期の資料を見ると、他の弱者に対しても死刑言渡しの差別があったのではないかと推測される。なぜなら占領期の資料に登場する人々のほぼ70パーセント(46人中31人)が事件当時に無職であり、30パーセント（46人中14人）が住所不定だったからである。一般の市民における無職者や住所不定者の比率よりも、はるかに高い。

占領期の資料においては、死刑確定者とその家族や友人とのつながりについては、まちまちであった。GHQ／SCAPサンプルの46人の男性のうち8人は、死刑確定から執行までの間に手紙や面会者がまったくなかった。これに対して1950年に絞首された男性は、執行前の11カ月間に少なくとも14人と面会し、66通の手紙を受け取っていた（自分からも280通の手紙を発信していた）。1940年代・1950年代の死刑確定者は、現在と比べてはるかに外部の人間との連絡の自由があったことがわかる。日本における死刑の密行性は、1960年代・1970年代に死刑廃止運動の高まりを受けて促進された。死刑確定者の「支援者」の存在により、矯正局にとって死刑が運用しにくくなるのではないかという懸念と、執行の告知をされた確定者が自殺することを防止したいという要請がその背景にあった。

「アメリカの死刑の文化においては、「最期のことば」「最後の食事」やその他の別離の表現が多用される。これに対して日本で死刑を執行される前の人々の考えや感情はほとんど知られていない。しかし、占領期の記録は、以前の日本の状況がどうであったかを示唆してくれる。占領期の死刑確定者の「遺言」には、主に四つの形態があった。一部の死刑確定者は、親切な処遇をしてくれた刑務官に感謝のことばを述べていた。他の死刑確定者は、家族に対して忠告していた。例えば1951年に名古屋で執行された男性は、自分の死刑の原因となった博打には手を出すなという忠告を子どもに遺していた。俳句や短歌を遺した者もいた。同年に大阪で絞首された33歳の男性は、次のような絶望的な辞世の句を遺した（英語のみで記録されており原文は不明）。永田教授のご教示によると、「外の世界に吹くさわやかな春風は絞首台に立つ者には届かない」と詠じている。

The spring wind
Blew through the tree sprouts
But did not blow to this place

もっとも多く見られたのは、自らの犯行への悔悟の念である。占領期の記録の46人のうち、43人（93パーセント）が悔悟の念を書き残していた。悔悟、反省、そして謝罪は日本の文化でも日本の刑事司法でも重視されてきた。しかし、占領期の記録には驚くほど多く見られた。死刑確定者の最期のことばは刑務官によって記録されていたから、好ましくないことば（「私は無実です」）が省かれ、好ましいことば（「ありがとうございます、すみませんでした」）が取り上げられたのかもしれない。しかし、記録者による偏りがあったとしても、それだけではほとんどの死刑確定者が最期に反省のことばを記していることは説明できないだろう。

最後に、占領期の記録は執行の「時間」についても、いくつかの情報を与えてくれる。まず、死刑の執行は現在よりも時期的に密接せずに行われていた。例えば1950年の執行は21日に分けて行われ、31人が執行された。これに対して、日本が1975年以降でもっとも多くの人を1年間で執行した2005年には、5日に分けて15人が執行された。占領期の記録の46人中27人(6割近く)は、単独での執行であった。これに対して最近の日本の執行では、同日に2人以上が同じ刑場で執行されることが多い。このように執行を「まとめる」ことで、市民やメディアが執行に注目する機会を最小化しようとしているように思われる。

その後の執行と同じく、占領期にも基本的には執行が行われるのは朝だった。占領期の記録における執行開始時間は、午前9時19分から午後2時39分までまちまちであった。しかし、46件中42件は正午以前に行われた。正午以降に行われた4件は、いずれも大阪におけるものだった。絞首が朝に行われるのは、死刑執行チームのストレスを軽減し、メディアへのリークの可能性をできる限り小さくするためである。日本の執行チームは一般に執行の前日に任務を伝えられ、誰にもそのことを言ってはならないといわれ、任務の拒否は許されない。執行の朝にはじめて任務を告げられることもある。それより前に告げられた場合には、仕事を休む可能性があるという懸念からである。

占領期の記録で絞首に要した時間は、10分55秒（1950年宮城）から21分（1951年名古屋）とされていた。もっとも時間がかかった執行は、もっとも短かったものの約2倍である。「落下」から医師が死亡を確認するまでの平均時間は14分15秒で、中央値は14分だった。アメリカでは死刑執行方法が「憲法の限界を超えない死」をもたらすといえるか否かを判断する際に、三つの基準が裁判所によって打ち立てられている。死は苦痛を伴わないか、死は長引くか、瞬間的な死かという三つである。苦痛を伴う死、長引く執行、そして瞬間的でない死をもたらす場合には、合衆国憲法第8修正の禁ずる「残虐で異常な刑罰」にあたる。占領期の執行がこの意味で問題のあるものであったかを判断するのは難しい。なぜなら記録には、執行で起こったことのすべてが記されていないし、問題のある事象は役人によって記されなかったかもしれないからである。医師によっては、生命の徴候がすべて無くなってから数分経ってはじめて死亡を宣告し、それまで絞首を続けさせたかもしれない。しかし、占領期の記録から見えてくる証拠には懸念を抱かざるをえない。日本の絞首刑のすべてが、「長引かない」執行か否かを判断するためのアメリカの基準である「2分以下」の5倍を超えている。そして、日本の平均値はアメリカのこの基準の7倍以上である。

日本の絞首刑の方法は明治時代からほとんど変化していない。したがって執行に要する時間も、占領から70年が経過した現在では当時よりはるかに短くなっているとは推測できない。より透明性をもった方法で国家による殺人が行われている法域と同じように絞首を行っているのであれば、「失敗」した執行(例えば絞縄の長さや首にかける場所の問題、落下の距離、あるいは受刑者の生理学的問題などなど)があったことも明らかになっただろう。アメリカにおける研究によれば、死刑の執行はしばしば失敗している。日本においてもアメリカと同じ程度(アメリカでは執行の「失敗率」が2・7パーセントから4・5パーセント程度であると研究が明らかにしている)に円滑に執行がなされているとしても、1946年1月から2017年7月までに絞首された713人のうち19人から32人の執行が失敗していたことになる。つまり、2年から3年に1件の絞首刑が失敗していることになる。日本の死刑がこの問題含みの局面でも「普通」であるならば、「残虐な刑罰は、絶対にこれを禁ずる」と宣言する日本国憲法第36条のもと、絞首刑が合憲であるか否かを争うことができる。

裁かれる絞首刑

41歳の高見素直氏が大阪のパチンコ店の床にバケツに入れたガソリンを撒いて火をつけたの

は2009年7月5日のことであった。炎は5人を殺害し、10人以上に重軽傷を負わせた。高見氏自身のことばによれば、彼は人生がうまくいかないという憤怒に駆られて火をつけた。仕事に就けなかったし、借金もあった。人生をめちゃくちゃにした「みひ」と高見氏が呼ぶ女性に復讐するためでもあった。実際には、その女性は実在しない。彼には幻覚があったのだ。しかし、高見氏は自身の大量殺人には計画性があったと認めた。また公判前も、公判中もその後も、彼はしばしば「死にたい」と漏らし、死刑判決を受け入れると述べていた。

日本の刑事司法では、計画的な殺人で2人以上が亡くなっている場合には、基本的に死刑が言い渡される。高見氏にも2011年10月31日に大阪地方裁判所によって死刑判決が言い渡された。

しかし、多くの刑事裁判と違い、この裁判では検察官による主張がそのまま受け入れられたわけではなかった。高見氏の公判審理は60日間つづいた。その当時まででもっとも長期にわたって行われた裁判員裁判だった。公判では争点が二つあった。第一に、弁護団は高見氏が統合失調症に罹患しており責任能力がないと主張した。これに対して検察官は、高見氏は頻繁に覚せい剤を使用していたために幻覚症状があったけれども、犯行当時には責任能力があったと主張した(裁判所も最終的にそのように認定した)。第二に、弁護団は絞首刑が日本国憲法第36条の「残虐な刑罰」の禁止に違反すると主張した。裁判所はこの主張も退けた。しかし、その際、何十年も日本の一般市民が知ることのできなかった絞首刑の実態について言及した。

高見氏の弁護人たちは絞首刑について疑義を唱えるような主張を行うことが賢明か否か、迷っていた。なぜなら裁判所が彼らの主張を退けた場合には、日本における死刑の正当性が高まるかもしれないと思ったからである。アメリカでは、執行の方法を「人道化」する努力によって死刑がかえって定着した。つまり、遺された制度はより廃止されにくくなった。しかし検察官にとって簡単な事件(高見氏の自白以外にも、彼が火をつけている様子が監視カメラで残されていた)において絞首刑の違憲性を主張することで、高見氏自身の生命を救うことができるかもしれないと弁護人は考えた。彼らは、過去半世紀にわたって死刑の適法性について弁護士たちがまったく争ってこなかったことについて失望を感じてもいた。

日本における死刑に関する判例の状況は簡単に説明できる。そもそも判例がほとんどないからだ。最高裁は1948年(最大判昭和23年3月12日)に、火あぶりや釜ゆでなど、執行方法によっては「残虐な刑罰」になる場合があるが、死刑そのものが直ちに「残虐な刑罰」に該当するとはいえないと判断した。火あぶりや釜ゆでは、19世紀後半に明治政府が西洋の刑罰に関する近代的な考え方に触れ、刑罰をより「近代的」に見せかける改革をする以前に用いられていた方法である。最高裁は同判決で、今日では「合憲」であると判断される執行方法も環境や人道上の見地から憲法第36条に規定する「残虐な刑罰」に該当する可能性があるとも判示した。さらに最高裁は1955年にこの立場を再確認した(最大判昭和30年4月6日)。最高裁は、世界各国において採用されている執行方法(絞殺、斬殺、銃殺、電気殺、瓦斯殺等)に比して絞首方法が特に「残虐である」とする理由はないと述べた。1955年のこの判断と高見氏の2009年の放火事件までの間、半世紀にもわたって日本では絞首刑の違憲性が争われなかった。高見氏の裁判における裁判員の存在によってようやく、アメリカにおいてはすでにほとんど尽くされた執行方法の違憲性が争われる機会が訪れたのである。*

*アメリカでは、2州において法律上絞首刑が選択可能である。しかし実務上使われることはほぼない。ニューハンプシャー州では薬物注射をすることができない場合に絞首を行うことができる。そしてワシントン州では基本的に薬物注射による執行が行われるが、確定者が絞首刑を望んだときにはそちらが用いられる。ニューハンプシャー州で最後に絞首刑が執行されたのは1939年、ワシントン州では1994年である。

高見氏の弁護団は、大阪地裁の裁判長を説得し、法務省に対して絞首の執行中に損傷した受刑者の有無を問い合わせさせた。法務省は「回答いたしかねます」という三行半的な文書でこの申入れを拒絶した。しかし、公判においてオーストリアの法医学者であるヴァルター・ラブル博士が、首つり自殺をした約300人の解剖結果に基づく研究について証言した。ラブル博士はオーストリア法医学会の理事長であったが「日本のような近代的な文明国において絞首刑が……「残虐でない」処刑の方法として受け入れられていることにショックを受け」、「絞首刑による死に関して多くの誤解や事実関係の誤りがある」ことを理由に、証言を承諾したという。ラブル博士は「いかなる死刑の執行方法も残虐であり、ヒポクラテスの誓いに反する」といい、「絞首刑は二つの点で特に残虐である」と結論づけた。第一に、絞首された人間には激しい肉体的な損傷と激痛が伴い、そのまま少なくとも5秒から8秒、長いときには2分から3分も意識を保つ。第二に、いかなる絞首の結果も予想不可能である。頭部離断(ラブル博士が解剖した遺体の2パーセントに頭部離断が見られた)を含む絞首の失敗は、「決まったやり方に従った」執行にあっても発生するからである。

土本武司元検事も、高見氏の公判で弁護側証人として証言した。彼は筑波大学教授に就任するまで30年間にわたって検察官を務めた。検察庁を辞めた後、彼はメディアにおいてしばしば犯罪抑止と刑事司法について保守的な立場から発言してきた。しかし高見氏の裁判が始まる6カ月前、土本氏はある著作を発表した。その本は、1966年の殺人事件について土本氏が検察官として訴追し、土本氏自身が恩赦を求めたにもかかわらず1971年に死刑を執行されたある男性に関するものであった。(4) 土本氏はその男性が無実であったとは考えていない。しかし、死刑確定者となった男性と文通を行い、彼が反省し贖罪をするにいたった可能性があると考えた。高見氏の裁判で証言する前、土本氏は弁護団に対して元検察官として専門家証人という立場で証言をすることについて複雑な思いがあることを吐露していた。彼は執行方法としての絞首刑の適切さには大きな懸念を抱いていたが、死刑制度自体には賛成の立場だった。そして、弁護側に立って証言すれば、検察庁の友人や同僚たちを裏切ることになるのではないかと恐れていた。だが、弁護団の粘り強い依頼を受けて、土本氏は証言することにした。彼が予想したとおり、検察側は土本氏の証言は日本の国家公務員法上の守秘義務違反にあたると主張した。しかし最終的に証言は採用され、彼は次のような趣旨の発言をした。「死刑制度自体は違憲ではない。しかし、絞首刑は憲法第36条に違反する。……絞首刑は直視するに堪えないむごたらしい残虐な刑罰である。……踏み板が外れる音の後、絞縄が受刑者の首に食い込み、受刑者は空中につるされる。医師とその他の係官が受刑者の脈やその他の徴候を見て、受刑者が死亡したと宣言する。……少し前まで呼吸をし、体温もあった受刑者が、手足を縛られ、首にロープをかけられ、執行後、首を基点に揺れる様子は、正視に耐えないむごたらしいものだと思った。〔絞首刑は1955年の最高裁判決〕当時は適正だったかもしれない。しかし、今日それが適正だと考えるのは軽率であろう」。

高見氏の事件の被害者や被害者遺族の一部は、これほどまでに凶悪な犯罪者の絞首刑に異議を申し立てる弁護団が厚顔無恥であると鋭く非難した。結局、大阪地方裁判所は高見氏に死刑を言い渡した。27ページある判決文のうち、3ページを割いて執行方法についても言及した。

死刑は……受刑者に精神的・肉体的苦痛を与え、ある程度のむごたらしさを伴うことは避けがたい。憲法も、死刑制度の存置を許容する以上、これらを不可避のやむを得ないものと考えていることは明らかである。そうすると、死刑の執行方法が、憲法36条で禁止する「残虐な刑罰」に当たるのは、考え得る執行方法の中でも、それが特にむごたらしい場合ということになる。……医療のように対象者の精神的・肉体的苦痛を極限まで和らげ、それを必要最小限のものにとどめることまで要求されないことは明らかである。……死刑の執行方法が残虐と評価されるのは、それが非人間的・非人道的で、通常の人間的感情を有する者に衝撃を与える場合に限られるものというべきである。そのようなものでない限り、どのような方法を選択するかは立法裁量の問題といえよう(大阪地判平成23年10月31日)。

大阪地裁の判決の中で特に注目すべきは、絞首される者が「執行に伴う多少の精神的・肉体的苦痛は当然甘受すべき」と言及した部分である。しかし「許されうる残虐性」というこの考え方は、「残虐な刑罰は、絶対にこれを禁ずる」と規定した憲法第36条の絶対的な文言と矛盾するように思える。

裁判後の記者会見において、裁判員を務めた市民は、二つのコメントをした。第一に、彼らは絞首の過程が「残虐」であることは避けられないという事実については、諦めているようだった。人道的な執行は実際上も不可能かもしれない。しかし、裁判所は執行される者の精神的・肉体的苦痛を「最小限度に」抑えないといけないとすら判断しておらず、その意味でアメリカの裁判例とは異なる。第二に裁判員たちは日本においても死刑についてもっと議論すべきである、そうすることによって一般市民の価値観を法も実務も反映するようになる、と言及した。

大阪高等裁判所は2013年に高見氏の控訴を棄却し、死刑判決および絞首刑の合憲性についての判断を維持した(大阪高判平成25年7月31日)。大阪高裁は高見氏の行為が「極めて残酷」である一方、絞首刑については「時間は比較的短時間にとどまり、……刑の執行方法として、残虐と評価できるほど」ではないといった。高裁はまた、裁判員たちと同様、国会に対して執行方法の検討を深めるように促した。「死刑の執行方法について、今もなお、140年も前の……太政官布告に依拠し、新たな法整備をしないまま放置し続けていることは、……立法政策として決して望ましいものではない」とも述べ、「現行の絞首刑の執行方法と明治6年太政官布告が規定した死刑の執行方法は、基本的事項では合致するものの、細部は多くの点で食い違いが生じている」とした。土本元検事は高裁の判決は「非常に重要である」と評した。なぜならば「執行方法に関する立法府の検討の不作為」を白日の下にさらしたからである。しかし、最高裁は絞首刑の問題について正面から向き合うことなく、高見氏の死刑判決は2016年に確定した。高見氏は今日にも執行されるかもしれない。そして一握りの役人以外、執行後までその事実を知り得ない。

問題点と矛盾点

死刑がある程度の残虐性を伴うことが「避けがたい」とした大阪地裁の判断は、通常の、あるいは「適切に行われた」執行でも激しい痛みや苦しい死をもたらしうること、そして執行は(その方法にかかわらず)しばしば失敗することを結論づけたアメリカの研究結果とも合致する。日本の執行に関する無味乾燥な裁判例は、アメリカの裁判所よりも残虐性が「避けがたい」ことを率直に認めているように思える。しかし、日本もアメリカの執行方法が抱えてきた問題点や矛盾点からは逃れられない。四つ理由がある。

第一に、そもそも死刑執行に人道的な方法など存在しない。

アメリカの死刑制度に問題があることは、膨大な証拠で裏付けられている。冤罪や人種差別、地域格差の問題、そして犯罪の抑止効果がないことなどである。日本の死刑についての証拠は少ない。なぜならこの問題に関する研究も多くないからである。しかし、それでも同じような結論が出ている。死刑は神のような知恵もスキルもない人間が、神のような行為を行うということなのだ。一部の妥当な事件の被告人にのみに死刑を科し、無実の者や死刑に値しない者には死刑を科さないというシステムを構築することは不可能である。また、凶悪な犯罪者の生命を人道的に奪う執行システムを構築することも不可能だ。アメリカでは後者、つまり完璧な執行の制度の構築をしようとしたが、失敗に終わった。しかし、日本はそもそも構築しようとさえしていない。

日本のアプローチは良識的な「法リアリズム」、あるいは「不可能な夢」の誘惑に駆られない賢明な拒否の姿勢であるといわれるかもしれない。しかし、(第２章で詳述したように)死刑は特別な手続や保障を必要とするような特別な刑罰ではないということを前提とする日本の裁判所の傾向と同様に、法的な熱意の欠如と呼ぶこともできる。人生と同じく法の世界でも、熱意の欠如は、履行の失敗よりも問題である場合がある。

第二に、日本の絞首刑は、犯罪による暴力と、法が犯罪を抑止し防止するために用いる暴力との違いとは何かという問いを突きつけてくる。アメリカでしばしば執行方法を改善しようという試みがなされるのは、市民が犯す殺人よりも国の殺人の方が優位であるということを示すため、生命を奪う方法を模索しているからである。絞首刑が適切であるか否かについて、日本は半世紀以上も沈黙を続けてきたが、今、この「優位性」を示すための執行方法を独自に探し始めているのかもしれない。日本がどれだけ熱心にこの模索を続けるかはわからないが、アメリカの経験に照らすと、得られる結果については懐疑的にならざるをえない。

第三に、国家が殺す方法を改革するという努力は、日本の死刑廃止論者たちにアメリカの廃止論者たちが直面する矛盾を突きつける。絞首刑への批判をやめれば、受刑者には苦痛がもたらされる。他方、日本の絞首刑に対して法的な異議が今後も突きつけられてゆくことで、執行方法を改革するという「勝利」が収められれば、代償が大きすぎる犠牲を伴うことになるかもしれない。死刑の暴力性を皆が忘れてしまうことにより、国が遂行しようとしている麻痺した殺人の共犯者となってしまうからである。これがアメリカで起こったことである。日本の死刑を改革しようとする者は、執行の方法を変えるという試みのリスクについても認識する必要があるだろう。執行方法の改革は諸刃の剣である。「よりよい」改革(より「安らかな」執行方法)は、(死刑の廃止という)「最善」の改革の敵になるかもしれない。

最後に、日本では国が隠れて死刑を執行しており、絞首刑の実態についてはほとんど明らかにされていない。しかし占領軍の資料や大阪のパチンコ店放火殺人事件を見ると、懸念が生じる。21世紀の日本における絞首刑は、明治時代の絞首刑と比べて人道的であるとはいえない。今後も日本の最高裁が絞首刑には問題があると判断する可能性は低いだろう。というのも、そもそも最高裁は違憲判断をほとんど行わないからである。１９４７年に最高裁が作られて以降、違憲判決は10件に過ぎない。ドイツの憲法裁判所はその数年後に作られたが、６００件以上の違憲判決を下している。おそらく絞首刑の妥当性について判断することが期待できるのは、「世論」というお裁きだろう。一世紀半ものあいだ争われてこなかった執行方法の適法性と正当性について死刑事件の被告人や弁護人が争う機会が、裁判員制度のもとで今後現れてくるだろう。日本の政府は長期にわたって死刑の執行は国の問題だといわんばかりの対応をしてきた。しかし、誰を絞首刑台に送るのかを市民が判断することになったことにより、死刑判決が言い渡された後に何が起こるのかをもっと知りたいと、市民は思うようになるだろう。今後、一部の報道機関には執行への立会いが許されるべきである。報道により、市民も死刑の実態についてよりよく理解した上で判断をすることができるようになるだろう。しかしそのような改革がなされない限り、表面上の民主主義国家たる日本における死刑の運用について、執行の秘匿性は問題であり続けるだろう。

第４章　冤罪と否定の文化

袴田巖氏は４人を殺害したとして、１９６８年に死刑を言い渡された。無実を示す証拠が発見されて、２０１４年に死刑執行と拘置を停止され、東京拘置所から釈放された。

逮捕当時まだ若かった袴田氏は、釈放されたときには78歳になっていた。糖尿病を抱え、自分が誰なのかも、どのような状況に置かれているかもあまりわかっていなかった。検察官はその後も袴田氏が有罪であると主張している。２０１９年初めには、彼はいまだ釈放されたままである。彼は姉と一緒に浜松市で暮らしており、健康を回復しようとしている。しかし、法律上は、いまだ死刑判決を言い渡された殺人犯の身分である。今後、袴田氏が再審公判において無罪判決を言い渡されるかはわからない。しかし、彼の釈放を命じた静岡地方裁判所の３人の裁判官たちの意見は明確だった。

「〔再審事由がある〕本件は、確定判決の主文が死刑であるから、死刑が執行され取り返しのつかない事態が生じるのを防止するため、死刑の執行を停止すべきであることは当然であるが、本件では、さらに、拘置(刑法11条2項)の執行も併せて停止するのが相当と判断した……刑事訴訟法448条2項は、裁判所の裁量により、死刑のみならず、死刑の執行のための拘置の執行をも停止することを許容する趣旨と解すべきである。……現状において、再審の審判で無罪になる相当程度の蓋然性が認められる……〔袴田は〕極めて長期間死刑の恐怖の下で身柄を拘束されてきた……。本件では、5点の衣類という最も重要な証拠が捜査機関によってねつ造された疑いが相当程度あ〔る〕……など、捜査機関の違法、不当な捜査が存在し、又は疑われる。国家機関が無実の個人を陥れ、45年以上にわたり身体を拘束し続けたことになり、刑事司法の理念からは到底耐え難いことといわなければならない。……袴田に対する拘置をこれ以上継続することは、耐え難いほど正義に反する状況にあると言わざるを得ない」

筆者自身は、袴田氏が無実であると考えている。そして、半世紀もの間、袴田氏を拘禁したことは、司法の怠慢と言わざるを得ないと思う(1)。しかし、袴田事件はけっして特別ではない。人為的エラーと制度的エラーによって冤罪はしばしば発生している。これらのエラーがいくつか重なり、袴田氏は半世紀もの間、悪夢にさらされ続けた。

• 袴田氏は無実の罪について虚偽の自白をした。自白は強制されたものだった。250時間もの取調べが行われ、ついに彼は屈服した。

●警察は証拠をねつ造し、袴田氏を犯人に仕立て上げた。犯行現場の近くの味噌樽の中に、5点の衣類という証拠を仕込んだ。

●検察官が100枚以上の写真や書証などの重要な証拠を弁護人に隠していたことが明らかになった。これらの証拠が開示されていたならば、袴田氏はとっくの昔に雪冤《せつえん》されていたはずであった。

●殺人事件の報道により、警察、検察、そして裁判所は有罪判決を獲得しなければならないというプレッシャーをかけられた。刑事司法の関係者たちは「トンネル・ヴィジョン（視野狭窄）」や「確証バイアス」にとらわれてしまっていた。

●袴田氏の裁判では、警察や検察によってねつ造された証拠の信用性のチェックが機能しなかった。袴田氏の弁護人も、失敗の一因であった。刑事裁判には判決の正確性を保障するための様々なメカニズムが用意されているはずである。例えば、無罪推定の原則や「合理的な疑い」を超える証明、活発な反対尋問、そして判断者が公平かつ客観的であるという保障などである。しかし袴田氏の裁判では、いずれのメカニズムも機能しなかった。

●数十年間、袴田事件の問題点を裁判所は認めなかった。袴田氏が死刑確定者となって拘置所の中で精神に異常を来していく間、裁判所は自分たちの誤った判断をくりかえし承認してしまった。

刑事裁判が誤る二つの場合がある。真犯人が刑罰を受けることを免れる場合と、無辜の人が有罪とされ刑罰に服する場合である。どの国の刑事司法制度も、両方の間違いを犯してしまう。しかし、多くの国の刑事司法に関わる人々やその国の文化は、もっとも忌むべき過ちは、袴田氏のような無実の者に対して誤って有罪判決を言い渡してしまうことであると信じている。

英国の法学者であるウィリアム・ブラックストンは18世紀に次のような著名なことばを残した。「10人の真犯人を逃すとも、1人の無辜を処罰することなかれ」。無実の者に有罪判決を言い渡してしまうことへの嫌悪感は、日本の法文化の中にも根づいている。有罪判決を言い渡されなくとも、誤って逮捕されてしまっただけで「冤罪」の被害者であるといわれているほどである。逮捕されても有罪判決を言い渡されない人がいるという考え方が広く受け入れられているアメリカでは、同じような言葉遣いをしない。この違いから、日本はアメリカと比べ、刑事司法の問題についてセンシティブな側面もあることがわかる。

誤判・冤罪の問題を理解するためには、他国と日本とを比べてみる必要がある。社会研究の多くの領域と同じく、一つの国の状況だけを見ても、何もわからない。

アメリカとの比較はとても参考になる。アメリカでは多くの冤罪研究が行われてきている。そして、発展した民主主義国の中で、アメリカと日本だけが死刑を存置し定期的に執行し続けており、その意味で共通しているからである。

表面的には、冤罪の問題について日本よりもアメリカの方が深刻なように思える。しかし、これは見せかけである。なぜならば、日本は冤罪の問題に正面から向き合い、冤罪事件に真摯に対応してきていないからである。

日本の刑事司法における誤判・冤罪の問題を改善するためには、立法者たちが「否定の文化」に対峙しなくてはならない。日本における否定の文化は、警察、検察、そして裁判官が自分たちの過ちを認めることを困難にしているからである。

アメリカとヨーロッパにおける誤判・冤罪

アメリカほど、誤判・冤罪研究の対象とされてきた国はない。その結果、懸念されるべき事実が明らかになっている。１９８９年から２０１７年の間に、２１００人以上が誤って有罪判決を言い渡され、その後無実を示す証拠によって刑務所から釈放された(2)。過去29年にわたって、毎月6人(5日に1人)が雪冤されていることになる。アメリカの人口に占めるアフリカ系アメリカ人の割合は13パーセントであるが、冤罪被害者の47パーセントがアフリカ系アメリカ人である。冤罪被害者たちは平均して9年間刑務所で過ごした。多くの者は、その2、3倍の期間服役している。4分の3の者は、殺人や性犯罪によって誤って有罪判決を受けていた。殺人や性犯罪では、しばしば生体証拠が現場等に遺留される。そして、それを後に鑑定することが可能である。また、これらの犯罪は他の犯罪に比してセンセーショナルに報道されやすい。しかし、これらの冤罪被害者のうち、DNA証拠(唾液、精液、血液等)によって雪冤された者は4分の1に満たない。なぜなら、DNA証拠が存在するのは、重大な重罪事件の10〜15パーセントに過ぎないからである。

これらの事件の主な冤罪原因は、偽証や誤った告訴・告発、警察・検察等の非違行為、誤った目撃証言、科学的証拠の誤りあるいは誇張された科学的証拠、虚偽自白である。これらのすべての原因は、袴田氏の冤罪事件にも存在した。そして日本のほかの冤罪事件にも、これらの冤罪原因がみられる。

すべての冤罪事件は悲劇である。しかし、中でも、誤って死刑判決を言い渡されてしまう事件は特に問題である。1973年から2017年までの間、アメリカでは28の州で161人が死刑囚監房から釈放された。彼らの無実を示す証拠が発見されたからだ(3)。要するに、過去45年間に毎年3・5人の死刑確定者が雪冤されている。

雪冤者の半数以上(84人)は、アフリカ系アメリカ人男性だった。また、半数以上が5州に集中していた。フロリダ州が27人、イリノイ州が20人、テキサス州が13人、ルイジアナ州が11人、オクラホマ州が10人である。多くの研究者は、このほかに、死刑がすでに執行されてしまった冤罪事件の存在を指摘する。例えば、テキサス州のカルロス・デルナ事件である。カルロス・デルナはヒスパニック系の貧困家庭出身で、知的障がいがあった。1989年に死刑を執行された。有罪判決は、異人種の目撃者1人の証言に基づくものだった。証言を支える科学的証拠は全く存在しなかった。

このほかにも、死刑執行後の調査によって冤罪が疑われる事件は増えつつある。アメリカで死刑執行が誤って行われた可能性のある事件には、これ以外にもルーベン・カントゥ事件(1993年テキサス州で執行)、ラリー・グリフィン事件(1995年にミズーリ州で執行)、デイビッド・スペンス事件(1997年にテキサス州で執行)、クロード・ジョーンズ事件(2000年にテキサス州で執行)、キャメロン・トッド・ウィリンガム事件(2004年にテキサス州で執行)などが挙げられる。

アメリカ司法省と連邦捜査局(FBI)は、2000年まで20年近くにわたって、FBI科学捜査班のほぼすべての検査官が、顕微鏡による毛髪の比較鑑定を行った際に誇張した証言をしてきたことを2015年に公式に認めた。計268件の公判において、毛髪が一致したと証言した28人の検査官のうち、26人が誇張した証言を行っていた。そして、誇張した証言の95パーセントは、検察側に有利なものだった。これらの裁判のうち12パーセントで、被告人に死刑が言い渡されていた。

以上挙げてきた数字は衝撃的だ。しかし、アメリカの誤判・冤罪問題の全体像を我々は知り得ない。一部の冤罪事件は、発見されずに終わるからである。それでも、刑事事件の誤判・冤罪がどの程度あるか、一応の根拠ある推定がなされている。研究によって幅はあるが、死刑を言い渡された殺人事件の3～5パーセント、性犯罪では8パーセント以上の誤判・冤罪率があるとされる(4)。1990年代の「無実(イノセンス)の発見」によって、アメリカの刑事司法における誤判・冤罪の問題への認識が高まるまで、これほど誤判・冤罪率が高いとは専門家たちも考えていなかった。2000年以降、アメリカにおいて死刑の言い渡しや執行数が激減した背景にはいくつかの要因がある。例えば、殺人率が急減し、死刑事件弁護が向上したことなども挙げられる。しかしながら、もっとも重要な要因は、冤罪への懸念であるように思われる。検察官、裁判官、陪審員、知事など、誰もが死刑に対してより慎重になった。

冤罪以外にも、アメリカの死刑制度には多くの問題がある。第2章で述べたとおり、有罪ではあるが死刑に値しないという被告人にも死刑判決が言い渡されているからである。1973年から1995年までの間に言い渡された4500件以上の死刑判決に関する研究によれば、「破棄事由となる重大な過誤」が原判決にあったとして、判決全体の68パーセントがその後破棄された。これらの事件の再審理が行われた後、82パーセントの事件では死刑よりも軽い量刑が言い渡され、7パーセントでは無罪判決が言い渡された。このような研究結果を見ると、アメリカの死刑制度の実際の運用は、くじ引きのようなものになってしまっていることがわかる。事実認定や量刑判断の誤りはかなり多い。アメリカの死刑制度は「壊れたシステム」[5]と呼ばざるを得ない状況なのである。

ヨーロッパにおいても、冤罪の問題は深刻である。旧西ドイツのカール・ペータース博士は研究の中で、1951年から1964年の間に1415件の冤罪事件があったと指摘する。日本よりも40パーセント人口が少ない国で、1年間に平均101件の冤罪事件があったというのだ。誤判・冤罪の原因は、アメリカについて指摘されているものとほぼ同じである。刑事司法システムは、誤りがつきものの人間によって運用されているのである。記憶、認知、推認、社会的影響、私利私欲等々にまつわる誤りである。ドイツでもアメリカでも日本でも、その他の国々でも、刑事裁判の判決は誤りやすい人間の行動の結果によりもたらされるものなのだ(6)。

しかし、無実者に有罪判決を言い渡してしまう危険度は、国によって異なる。ヨーロッパの中でも国ごとに違いがあるし、アメリカにおける誤判・冤罪のリスクは、おそらくヨーロッパの多くの国よりも大きいと思う。なぜなら、アメリカの当事者主義的刑事司法とヨーロッパ大陸における職権主義的刑事司法とでは、有罪判決を獲得する必要性と真実発見の必要性とのバランスの取り方が異なるからである。また、アメリカの刑事司法は、刑事事件全体の90パーセント以上の事件を司法取引によって処理している。おそらく公判にいく事件よりも、司法取引によって処理される事件の方が事実認定が誤りである可能性がより高い。以上のような理由から、人口や事件数などの違いを考慮に容れたとしても、おそらくドイツ、フランス、オランダなどの国々よりもアメリカの方が、冤罪が頻繁に発生していると思われる(7)。

日本における誤判・冤罪

日本で、これまで何人が誤って有罪判決を言い渡されてきたかは不明である。一応の根拠をもった推定さえほぼ行われていない。なぜなら、まともな研究がほとんどないからである。冤罪事件数の推計をしようと試みたある研究は、１９１０年から２０１０年の間に冤罪が確定した事件、あるいはその強い疑いのある事件が１６２件あると指摘した。これらの１６２件はすべて第二次世界大戦後に発見され、半分以上が殺人事件であった（表を参照）。この推計によれば、10年間に年間平均16件の誤判・冤罪事件があることになる。１９５０年代がもっとも多く37件で、１９１０年代、20年代、30年代には2件あるいはそれ以下であった。しかし、１００年間に１６２件しか誤判・冤罪事件がなかったというのは、おそらく過小評価であろう。三つの理由から、この１６２件は、誤判・冤罪事件の「氷山の一角」であると考えられる。①古い冤罪事件の記録は残されていない可能性があること（第二次世界大戦前の件数があまりにも少なすぎる）、②より軽い犯罪（薬物事犯など）はこの研究の対象外であること、そして何よりも③多くの冤罪事件が発見されないまま終わることである。つまり、日本の氷山の残りがどのくらい大きいのか、考える必要がある(8)。

表　1910年から2010年までの10年ごとの誤判・冤罪事件の数

年代	件数
1910年代	2
1920年代	1
1930年代	0
1940年代	13
1950年代	37
1960年代	14
1970年代	31
1980年代	31
1990年代	16
2000年代	17
総計	162

死刑判決または無期懲役判決を言い渡され、その後再審で無罪を言い渡された者は１９４５年以降に10人しかいない。袴田巖氏が雪冤されれば、11人目になるはずである。そうな

ると、再審無罪判決は7年に1件弱言い渡されていることになる。アメリカの雪冤者数と比べると、格段に少ない。この数字の差については、二つの異なる解釈をすることができる。

一方で、日本の検察官はそもそも起訴を慎重に行う傾向にある。起訴の方針は非常に抑制的である。無罪判決に終わることが予想される事件については起訴が見送られる。この結果、日本の裁判の有罪率が驚くほど高いことは有名である。

この起訴方針は、検察内部のメカニズムによって強化される。例えば階層的なチェックを行う決裁制度がその例である。起訴や求刑に関する判断について、現場の検察官が上司に相談するというのが決裁制度である。また、無罪判決が出た事件の捜査担当検事・公判担当検事に不利益な処分が科せられる傾向にあるというのもその一例であろう。このような見方からは、次のような結論が導かれる。日本ではそもそも相対的に冤罪事件は少ない。なぜならアメリカやその他無罪率が高い国の検察官と比べ、日本の検察官は無実の者を起訴していないからである。

二つめの解釈は、冤罪事件の発生数ではなく、発見数に注目する。日本では、冤罪を解明する制度や人材が比較的少ない。だから、冤罪事件がなかなか発見されない、というのである。日本の弁護士の数は少ない。そしてその少ない弁護士の中で刑事弁護に力を入れるものはさらにほんのわずかである。主要な新聞は調査報道をほとんど行わない（読売新聞や朝日新聞と、ニューヨークタイムズ紙やガーディアン紙を比較されたい）。冤罪問題を研究対象とする研究者は少ない。日本の上級裁判所は法執行機関に依存し、現状を追認しがちである。日本には冤罪事件のデータベースはなく、日本で初めてイノセンス・プロジェクトが設定されたのはようやく２０１６年になってであった（立命館大学を拠点とする任意団体「えん罪救済センター」）。そして、日本には冤罪事件を調査する公的機関がない。日本弁護士連合会の人権擁護委員会には再審部会があり、個別の事件において大きな役割を果たし、重要な報告書を１９９８年と２００９年に二つ公表した。しかしながら、再審部会のみで日本という大きな国全体の冤罪被害者全員を助けることは不可能である。

つまるところ、冤罪事件がいくつ明らかにされるかは、冤罪事件がどれだけ発生しているかではなく、どれだけ冤罪事件を発見することができているかにかかっている。日本における制度的な欠陥から見ると、冤罪の問題はおそらく見かけよりはるかに深刻であることが想像できる。

元裁判官の木谷明氏は、現職のとき、1年間に2人から3人の被告人に無罪判決を言い渡したこともあったという。木谷氏は裁判官として在職中、合計30人に無罪判決を言い渡した。そのうち上訴されて無罪判決が破棄されたものは1件もなかった(9)。木谷氏以外の日本の裁判官たちの中には、何年にもわたって無罪判決を1件も言い渡していない者もいる。このような状況の下、誤った有罪判決が1件もないと本当にいえるのだろうか。

1989年と1999年に弁護士を対象として行われた調査がある。それによると、いずれの年にも、40パーセント以上の弁護士が冤罪と思われる事件を担当したことがあると答えていた。[10] 著名な刑事弁護人の高野隆氏も、日本の冤罪事件の数は公表されているよりもはるかに多いはずだという。高野氏は、日本ではおそらく年間に1500件の冤罪事件が発生しているという。そしてそのうち公に明らかにされているものはほとんどない。[11] 高野氏がそう発言したのは2007年と2009年のことであった。その後、裁判員制度においても日本の裁判の無罪率はほとんど変化していない。

構造的な改革

近年、多くの冤罪事件が明らかになった。菅家利和氏(足利事件)、柳原浩氏(氷見事件)、ゴビンダ・マイナリ氏(東電女子社員殺害事件)、桜井昌司氏と杉山卓男氏(布川事件)、朴龍皓氏と青木恵子氏(東住吉事件)などである。これらの事件を見て、日本は25年前のアメリカと同じ状況であるという論者もいる。つまり、刑事司法における「無辜者(アクチュアル・イノセンス)」の問題に日本も目覚め始めたのではないか、というのである。しかし、日本もアメリカと同様に「イノセンス革命」(DNA鑑定などを用いて冤罪事件の救済を果たしたイノセンス・プロジェクトなどの冤罪救済運動が刑事司法にもたらした改革のこと)を迎えるか否かは、今後、法律家や立法者が行動を起こすか否かにかかっている。そして、未来のことを考えるためには、過去を振り返る必要がある。

1980年代には免田栄氏(免田事件)、谷口繁義氏(財田川事件)、斎藤幸夫氏(松山事件)、そして赤堀政夫氏(島田事件)が無実を晴らされ、死刑判決を取り消された。その後、日本の刑事司法を改革するため、数多くの提案がなされた。しかし基本的に、日本の刑事司法制度には変化が見られない。当時、最高検察庁は長大な報告書を公表した。しかし、これらの死刑冤罪事件の被告人を起訴すべきでなかったということすら認めなかった。

最近の冤罪事件の発覚後も、刑事司法改革に消極的な日本の姿勢は崩れなかった。2010年には当時厚生労働省の要職にあった村木厚子氏の事件で、大阪地検特捜部の検事たちが証拠をねつ造するという重大な違法行為を行った。その事実が明らかになった後に、検察の改革が行われた。しかし、驚くべきことに、その改革によって司法取引や刑事免責、犯罪捜査のための盗聴の拡張など、検察官の権限の拡大がもたらされたのである。2016年に刑事訴訟法等

が改正され、これらの制度改正が盛り込まれた。制度が変わっても、根本的な問題は変わらない。(12)

日本で冤罪の問題に取り組むためには、いくつかの構造改革が必要である。まず、冤罪が発生した後、それを明らかにするための仕組みを構築すべきである。この点で、日本はアメリカやイギリスにはるかに遅れている。日本の法学研究者たちは、冤罪問題の研究を重要な課題であると認識し、さらなる取り組みを行うべきである。そのためには、日本学術振興会などの研究資金を提供する機関が冤罪研究を優先的な研究課題として位置づけるべきである。

また、冤罪の発生を防止しなければいけない。そのためには、国際的に認知されている刑事司法の「ベスト・プラクティス」を導入すべきである。特に重要なのは、刑事事件におけるすべての取調べの全過程を録音録画することである。取調べの録音録画については、最近、展開が見られる。しかし、さらなる制度改革が必要である。2016年の刑訴法改正は、裁判員裁判の対象事件と検察の独自捜査事件の取調べの録音録画を警察と検察に義務づけた。しかしこの改正が適用されるのは日本の刑事事件全体の3パーセントに過ぎない。改正法は「記録をしたならば被疑者が十分な供述をすることができないと認めるとき」(刑訴法301条の2第4項)に、取調官が録音録画をしないことを認めている。また、逮捕前の被疑者や起訴後の被告人、そして参考人が任意の取調べや事情聴取を受ける場合には録音録画義務はない。つまり、抜け道が非常に多い。可視化という原則を、幅広い例外が飲み込んでしまうのではないかということが危惧される。

日本の誤判・冤罪の最大の原因は、おそらく虚偽自白である。1980年代にいずれも再審無罪となった四つの死刑事件においても、冤罪の原因は虚偽自白であった。袴田氏の事件にも虚偽自白がある。しかし「新時代の刑事司法制度特別部会」における議論過程では複数の著名な刑事法学者たちが御用学者としての役目を果たし、非常に手ぬるい刑事司法制度改革の提案が行われた。本来ならば、この改革によって日本の取調室のさらなる可視化やアカウンタビリティをもたらすことができたはずである。しかし、改革後も今なお、取調室は日本社会においてもっとも閉ざされた秘密の空間であり続けてしまっている。

取調べの録音録画をすべき理由は様々ある。そして、録音録画をすべきでないという正当な理由を見つけることはできない（もちろん、取調べの一部の録音録画の法廷における使用には問題もある(13)）。他の民主主義国家に比しても、取調べの録音録画をすべき必要性が日本では高い。日本の取調べは長時間にわたるし、その間「取調べ受忍義務」によって被疑者の黙秘権が制約されているからだ。取調べの電子的な録音録画によって、取調べや自白の真実性を担保することができる。だから、録音録画は、日本の刑事司法制度の中心的な目的――つまり、真実発見――にも資するはずである。録音録画は刑事手続のすべての関係者の利益に資する。録音録画によって違法な取調べが防止できるし、虚偽自白による誤判・冤罪を防ぐこともできるから、被疑者と弁護人の利益に資する。また、非違行為や暴行などがあったという虚偽の主張から警察官や検察官を守ることにもなる。自白の任意性や信用性に関する判断材料を与えてくれるため、裁判官や裁判員にとっても役立つ。

検察官は、保管している証拠について、もっと明かすべきである。しかし、日本の歴史をみれば、検察官が進んでそうするとは思えない。松川事件では、20人の被告人が1950年に有罪判決を言い渡され、その後雪冤された。その後、雪冤されたすべての事件において、被告人側にとって重要な証拠を検察官が開示していなかったことが明らかになった。袴田事件では、数十年も証拠の開示が行われなかった。実は旧刑事訴訟法下(第二次世界大戦後の占領期以前)では、公判において提出する予定の証拠のみならず、事件に関する記録(一件記録)はすべて弁護側に開示されていた。[14] その意味では、旧刑訴法の方が現行刑訴法よりも透明性が高いともいえる。

刑事事件の証拠は、検察官のものではない。それは、公共財である。したがって、検察官はそれを被告人側にも開示する義務がある。[15] しかし、日本の検察官たちはご都合主義な言い訳をして証拠開示を受ける被告人の権利をどうにかして制限しようと努めてきた。検察は、真実発見をこれまで強調してきた。しかし、公判廷で主張する「真実」を組み立てる際に現場の検察官たちが用いる証拠（特に供述調書など）については、開示することに抵抗している。これは非常に皮肉な現象である。現在の制度は、検察官による関係各証拠の善意にもとづく開示に依存しすぎている（ただし、時々裁判官に「促されて」検察官たちが証拠開示することもある）。袴田事件では、静岡地裁が何度も促し、ようやく弁護人に証拠が開示された。そしてこの証拠開示が、死刑確定者として世界一長い時間を過ごした袴田氏の釈放へとつながった。このような問題が起きないようにするためには、すべての手持ち証拠を公判開始前に被告人側に開示することを検察官に義務づけるべきである（アメリカでは「オープン・ファイル」と呼ばれる）。

第2章で述べたとおり、日本の法曹三者（検察官、裁判官、そして弁護士）は、死刑については「慎重」であるべきだとしばしば強調する。しかし、法務大臣や検察官が本気でそう言うのなら、誤判・冤罪を防ぐための改革を行おうとすべきである。取調べの全過程の録音録画と、被告人側へのすべての証拠の開示によって、日本の刑事司法における冤罪のリスクは格段に減少するはずである。これらの改革が実現されるまでは、「慎重」でなければならないという主張は、空虚なレトリックにも聞こえる。

否定の文化

これまで述べてきた構造的な改革は不可欠である。しかしながら、刑事司法の文化そのものを変えなければ、改革を行ってもその効果は小さいものにとどまるだろう。

近代社会は、制度改革によって民主主義を発展させようとしてきた。しかし、制度改革によって現場の実務運用が変わるわけではない。パットナムの「哲学する民主主義」研究は、新しい制度はしばしば絵に画いた餅になりかねないと指摘する。文化や歴史によって新たなルールや制度の有効性は条件づけられる。そして、長期間にわたって確立している規範によって、真の改革が阻害される可能性があるというのである。文化は重要である。したがって、冤罪の問題を考える際には、文化についても考慮せねばならない。もっとも重要なのは、航空から医療、そして原子力から刑事司法まで、日本社会のありとあらゆる側面に関係する文化的先入観である。三つの重要な点がある(16)。

第一に、誤りを減らすためには、前提として、誤りが不可避であると考えなければならない。日本の刑事司法の研究を始めた1990年代の初めころ、ある検事が筆者にこう言ったことがある。太平洋戦争後の10年間に起こったような冤罪事件は「今だったらありえない」、なぜなら占領期に急速に改正され、まだ未成熟で、しかも戦後の様々な問題と格闘せざるを得なかった当時の刑事司法制度によって当時の冤罪はもたらされたからだ、というのである。しかし、その後明らかになった事実を見れば、彼の主張は誤っていたことが明白である。日本には今も冤罪の問題がある。そして、もっとも深刻なのは、警察、検察、裁判所が自分たちの過ちを認めないという「否定の文化」である。否定の文化は彼らを痛みや恥、変化から守ってくれる。だから彼らはこの文化から脱却しようとしない。警察、検察、裁判所に名誉と勇気がなければ否定の文化を捨て去り、過ちから学ぶことはできない。それはまた日本社会(特に政治的リーダーたち)からの圧力を要する。司法改革が成功するカギとなるのは先に述べたとおり政治ではなく、文化である。しかし一方で、政治は文化を変化させることができるし、文化を守ることもできる。

第二に医療や航空などの領域では、エラー予防戦略が成功するために重要なのは、過ちを発見しそこから学ぶという寛容性と透明性である。しかし日本の刑事司法システムは外部からの追及を嫌がる。したがって、何が問題かを発見し指摘することが今なお不可能である。

大多数の取調べは録音録画されていない。警察に対する実態調査を行うのは不可能である。

検察官は被告人側から証拠を隠すこともできる広い裁量権を有している。自分たちにとって都合のよいように証拠を隠すこともある。裁判員は裁判終了後も、事件の詳細や評議について他言を禁じられている。そして死刑執行もベールに包まれている。他国では類を見ない極度の秘密性が保持されているのである。日本の刑事司法の孤立は、刑事手続が法律専門家だけの専門分野であるという誤った前提を反映している。日本でもイノセンス革命が起きるかどうかは、刑事司法の透明性がどれだけ達成されるかという点にかかっている。現在、日本ほど刑事司法が閉ざされている民主国家は存在しない。

エラー予防のための第三の原理は、データを根拠にするということである。刑事司法は意見や憶測、強権ではなく、事実に基づいて運営されなければならない。経験主義的犯罪学は日本ではあまり発展していない。日本の刑事司法の傾向についても、ほとんど知られていない。

日本の刑事司法関係者は、詳細な研究の対象とされることを嫌がるというのも、その一因であろう。一部の日本の研究者たちもこの抵抗にあっている。筆者も同様である。

数年前、歌舞伎町における警察活動の研究をするために東京を訪ねたことがある。警察庁のある高官が、日本最大の歓楽街における警察の防犯パトロール活動を見せるという約束をしてくれたからである。しかし、来日後の数カ月間、どれだけ頑張っても約束は果たされなかった。

警察の公刊物はいくらでも入手を許された。しかし、許可されたフィールド研究は、関心のあった警察活動からは全く別ものだった。安全な郊外の交番で立っているという内容だった。「現場」にいる間、警視庁の担当官が筆者を四六時中見張っていた。筆者が退屈していたのと同様、彼らも「外人」を見張っていることに退屈しているようだった。

日本の他の刑事司法関係者に比べ、警察に関する研究は少ない。これは皮肉で不幸なことである。なぜなら刑事手続の中でもっとも重要な関係者は警察だからである。刑事手続の質は証拠の質にかかっている。そして、他の刑事司法の関係者が判断を下す根拠となる証拠の多くは、警察によって収集される。しかし日本では、警察研究を真剣に行っている者はほとんどいない。ある記者はいう。

もし欧米から……優れた社会学者が日本の警察を研究すべく来日して調査活動を始めたとしたら、その学者は間違いなくこの国を「おかしな国」だと思うに違いなかろう……第一に彼は、日本警察の秘密主義の壁に阻まれて、実態についての調査はほとんどできないはずである。次いで彼は——新聞を始めとするジャーナリズムに警察そのものに対する調査報道がなく、フリーのジャーナリストにも警察問題をフォローしている者がごく少ないこと、日本の大学には、欧米にはあるという警察を対象とした講座がないこと、つまり警察を総合的に研究している学者がいないこと、さらに自分たちの安全を委ねているはずの国民一般(タックスペイヤー)に、警察をチェックしようとする意識がきわめて薄いこと――といった事実を次々に知らされることになる。そして、おそらくは「この国は本当に民主制の国なのか?」という疑問にとらわれるのではないか……[17]。

この文章が公刊された20年後も、警察研究についていえば日本はいまだ「おかしな国」であり続けている。警察に関する適切なデータがないために、記者も一般市民も国会議員も、だれもが日本最強の国家機関による広報活動によって操られ続けるのだろう。

正義の否定

どの国の刑事司法システムも、冤罪を避けることはできない。しかし、冤罪を減らすことはできるはずである。アメリカでは、冤罪事件の雪冤の半数以上に、警察や検察官による主導や協力があった。検察庁に30以上の独自の「冤罪調査部門(conviction integrity unit)」があり、冤罪の訴えについて調査を行っている。2016年に雪冤された166件のうち、70件は冤罪調査部門によって雪冤された。

もっとも著名な冤罪調査部門は２００７年にテキサス州ダラス郡で誕生した。アフリカ系アメリカ人のクレイグ・ワトキンス検事正は、ダラス郡であまりに多くの冤罪事件が明らかになってきたことに懸念を抱いた。２００７年以降を見ると、冤罪調査部門による雪冤の90パーセント以上は規模の大きな四つの郡で果たされた。ハリス郡(テキサス州ヒューストン)、ダラス郡(テキサス州)、クック郡(イリノイ州シカゴ)、そしてキングス郡(ニューヨーク州ブルックリン)である。一部の冤罪調査部門に雪冤事件が集中している。このことは、冤罪事件を明らかにする能力が高い冤罪調査部門もあることを示している。

最良のモデルは、おそらくブルックリンの冤罪調査部門であろう。10人の常勤の検察官が、常時１００件を調査している。ブルックリンでは２０１７年末までに23人が雪冤された。調査されている事件のうち、50件にはルイス・スカーセヤという元刑事がかかわっていた。彼は何十年もの間、犯罪をでっち上げて無辜の市民を刑務所に送り続けてきた。彼は虚偽自白、証人威迫、そして正義の無視など、使える手段をなんでも使っていた。

アメリカの検察も、長きにわたって否定の文化に支配されてきた。しかし、冤罪調査部門の活動にみられるように、誤りに対して真摯に向き合うという姿勢を見ると、否定の文化の打開があるように思われる。そして、これこそまさに、日本に比べアメリカで多くの雪冤事件が存在する理由の一つである。もちろん、誤判・冤罪の問題に適切に対応するためには、アメリカにおいてもまだまだ時間がかかるだろう。しかし過ちを認め、過ちから学ぼうとする姿勢が生まれつつあることは、ここ50年の間にアメリカの刑事司法に起こったもっとも歓迎すべき変化の一つであるといえる。これに対して、日本で雪冤が起こるとき、警察や検察はこれに強く抵抗する。そして裁判官たちもなかなか過ちを認めようとしない(袴田氏が拘禁されている間、12人以上にのぼる裁判官たちが彼の無実の訴えを退けた)。日本の検察官は自らを正義の戦士であるという。もし本当にそうであれば、冤罪調査部門のような制度を作り、刑事司法制度における過ちを積極的に探すべきなのではなかろうか。

「人間は誤るものだ」とよくいわれる。しかし、いったん過ちが起こったとき、人間にはその過ちを「隠す」か「認める」かという二つの選択肢が与えられる。2018年現在、検察官は袴田氏の再審開始を認める判断に対して抗告をしており、警察も検察を支持している。なぜ彼らはそのような立場をとるのだろうか？　一つには、個人のそして組織のメンツを守るためである。そしてもう一つは、彼らにとって望ましい結果(有罪)と矛盾する証拠を無視し、あるいは無関係で信頼性も信用性もないものと決めつけてしまうトンネル・ヴィジョン(視野狭窄)

である。

誤りが不可避であると考える人は誤ってしまったときには驚かないはずだし、誤りを防止するための様々な対策を行うはずだ。逆に、誤りが起きるということを認めない人にとって、ひとつひとつの冤罪事件は、自分が間違っていたことを示す恥ずべき証拠となる。日本の否定の文化は、正義を否定する。同様に、刑事司法の担い手たちが自らの行動の適正さを疑おうとしない姿勢も、正義を否定する。彼らは疑いを持つということを学ばなければならない。そして、自分たちの過ちを認めるという姿勢を学ばなければならない。しかし、それを自分たちだけで学ぶことはできない。

日本社会は、いつまで現状を肯定し続けるのだろうか。そして、日本の立法者たちは、いつになったら氷山そのものに目を向けるのだろうか。

第5章　死刑と市民の司法参加

日本の死刑の状況は大きく変化していない。日本の死刑に関するもっとも衝撃的な事実の一つは、この変化のなさである。アメリカとは全く異なる。

現在、アメリカでは死刑に対する世論の支持が１９６０年代以降でもっとも低くなっている。死刑判決や死刑の執行は１９９０年代から比べて80パーセント近くも減少した。２００７年以降、死刑を廃止した州は７つにのぼり（現在、死刑廃止州は20州である）、これ以外の４州では州知事が死刑執行停止（モラトリアム）を宣言した。いくつかの州では執行が止まっている。死刑の執行が失敗したり、薬物注射に用いる薬物の入手ができなくなったりしているからである。連邦最高裁判所は、知的障がい者と若年者の死刑執行を禁じた。１９７３年から２０１３年に死刑を言い渡された８０００件のうち、実際に執行されたものは16パーセント（６件に１件）にすぎない。大多数の死刑判決は上訴審で破棄され、あるいは減刑され、あるいは無実を晴らされ雪冤された。一部の論者はアメリカの死刑は「崖っぷちにある」と指摘し「何世代後にでは

なく、数年後に」それは廃止されるだろうと予測する。(1)

これに対して、日本では死刑の政策にも実務にも変化がない。世論調査において死刑存置を支持する人々は80パーセント程度を維持している。死刑判決の言渡しも執行も恒常的に行われている。もう四半世紀も前、1993年までの数年間に死刑の執行が一時停止されて以降、執行の停止はない。日本の最高裁が死刑に関して判断をすることはほとんどないし、死刑に関する判例は発展していない。死刑判決を言い渡される人の多くが実際にその後死刑を執行されている。そして、日本でも死刑が早晩廃止されるだろうと観測する者は少ない。

第2章から第4章までにおいて、日本ではアメリカと比べてなぜ死刑制度に変化が少ないのかについて説明してきた。死刑が「特別な刑罰」と考えられていない日本では、上訴審が死刑判決を破棄する理由を見つけることは少なく、一般市民も凶悪犯罪に死刑を科すことが妥当であると考えている(第2章)。国は秘密裏に死刑を執行するから、執行の失敗があるかどうかもわからない。一般市民は、国の死刑執行が適切に行われていると信じている(第3章)。否定の文化の蔓延によって、冤罪事件はなかなか明らかにならない。一般市民は「生か死か」という判断が誤っているかもしれないということを不安に思わない。そして、統治者も制度の問題点に対応しようとしない(第4章)。

本章では、2009年から始まった二つの制度によって、日本の死刑制度が変化しうるかを考えてみたい。

一つは裁判員制度である。死刑を言い渡すか否かの判断に、市民の声が直接反映されることになった。もう一つの制度は被害者参加制度である。犯罪被害者や被害者遺族が刑事手続の表舞台に登場することになった。

いずれの改革も最近実現した。したがってそれらの制度の影響の全体像がわかるのは、さらに時間が経過した後になるだろう。しかし今のところ、これらの制度は死刑制度に変革を加えたり、それに疑義を唱えたりする効果があるというより、死刑制度をより堅固なものにしているように思える。

一石を投じた改革?

2009年に新しい制度が始まった。6人の一般市民が3人の職業裁判官とともに殺人事件その他の重大事件の事実認定と量刑を判断するという裁判員制度である。裁判員制度によって日本の刑事裁判(および死刑判断)の中心に、市民参加が据え置かれることになった。

実は戦前にも日本には「陪審法」があり15年間断続的に運用されていたが、1943年に停止された(停止までの15年間、陪審裁判が行われたのは500回に満たなかった)。日本で司法への市民参加が行われることになったのは、そのとき以来であった。

一部の論者が言うように裁判員制度は刑事司法制度という池に「一石を投じた」。そして、さざ波は少しずつ波及している。

裁判員制度によって刑事手続にいくつかの変化がもたらされた。市民は、長期にわたって裁判所で裁判員を務めることはできない。そこで公判前整理手続が創設され、公判における争点を整理し明確化することとされた。これによって、さらに拡充が必要ではあるものの、公判前に検察官が弁護人に開示する証拠の量について改善が見られた。さらに、これも不十分ではあるものの、取調べの録音録画についても進展がみられた。

保釈は認められやすくなった。裁判官たちが「人質司法」の危険性を認識しはじめたからである。自白を拒む被告人の多くを公判前に勾留しなければならないという考え方に変化が生まれた。

刑事裁判は傍聴をする者にとってよりわかりやすく、面白くなった。裁判が、閉じられた取調室において警察官や検察官が作成した調書に以前ほど依存しなくなったからである。被疑者から自白を獲得することに捜査官たちが集中する、公判前の重要な段階における弁護人への被疑者のアクセスは改善された。これにより、2011年の調査では検察官の80パーセントが被疑者の協力を得ることが難しくなったと回答した。

弁護士会は公判廷における弁護技術の向上のため、刑事弁護人たちの研修を強化している。その他にも様々な変化が見られた。

刑事手続における以上のような変化によって、死刑の判断は変わるかもしれない。市民が死刑の現実により向き合うようになるからである。アメリカ連邦最高裁判事のサーグッド・マーシャルが1972年に述べたとおり、多くの人々は死刑について知らないからそれを支持する。この「マーシャル仮説」によれば、人々は死刑について知れば知るほど、死刑が反道徳的で不要であると考えるにいたる。それには時間がかかる。裁判員制度が死刑制度を変化させるとしても、それは革命的な変化ではなく、徐々に発展する進化の過程としてもたらされることになるだろう。

しかし、日本の死刑制度が大きく変化する保証はない。

というのも、第一に、これまでのやり方を維持しようとする法律家たち(とりわけ検察官と裁判官)によって市民参加が矮小化される可能性がある。過去にも日本の刑事手続において市民参加を中心的なものにしようとする改革が何度か行われたが、いずれのときも市民参加は矮小化され、有名無実なものとされていった。特に際立つのは、戦前の陪審制度と戦後の検察審査会である。いずれも刑事司法実務にはほとんど影響を与えることがなかった。

同様に、裁判員制度も新たな刑事裁判制度の中で矮小化されているのではないかということを示す三つの徴候がある。

第一に、高い有罪率には大きな変化が見られない。第二に、量刑傾向は一部の犯罪(特に性犯罪事件)についてしか変化がなく、変化がある場合もその度合いは小さい。第三に、検察官が死刑を求刑する場合、職業裁判官3人の裁判体で判断していた以前と比べて裁判員を含む裁判体では死刑を適用する確率が高い。以上の三つの状況は、検察官と裁判官による新たな制度への順応から生じている。検察官は、公訴提起や重い求刑を避けるようになった。新たな制度で好ましくない結果が出ることを避けるためである。(2) 裁判所も抑制的な運用を行っている。特に、改革前の実務の量刑基準に依拠している点などに、この傾向があらわれている。(3)

以上の通り、裁判員制度改革は、刑事手続における一部の法改正やこれまでの実務の変化に結びついた。これによって、従来の日本の刑事司法制度におけるパワーバランス——自白、有罪判決、死刑判決の獲得について法執行機関側に有利なパワーバランス——が変化する可能性がある。しかし、有罪率、量刑傾向、そして死刑判決などに変化がないことに鑑みると、この変化は副次的なものにとどまるのではないかということも考えられる。もし「論より証拠」であるのならば、今のところ裁判員制度は、刑事司法に関する一般的な問題点や死刑の問題点に大きな変化をもたらすにはいたっていないようである。しかし、改革のさざ波はゆっくりではあるものの、少しずつ広がっている。新たな裁判制度の今後の影響は、刑事事件の行く末をコントロールしようとし続ける検察官たちの努力に対して、裁判官や弁護士たちがどのように対応していくかにかかっているだろう。

吠えない犬

アーサー・コナン・ドイルの「白銀号事件」で、探偵シャーロック・ホームズは、馬の盗難事件の際に犬が吠えなかったことに気付いた。犬が静かだったということは、窃盗犯人は知り合いのはずだ。被疑者は1人に絞られた。これにて一件落着。

スコットランド・ヤードのグレゴリー警部「これが重要な点だと考えるのですね」

シャーロック・ホームズ「ええ、とても」

グレゴリー警部　「注目すべき点はありますか」
シャーロック・ホームズ　「夜間の犬の様子は奇妙でした」
グレゴリー警部　「夜？　犬はなにもしませんでしたよ」
シャーロック・ホームズ　「それこそが実に面白いのです」

日本の刑事司法改革のもっとも奇妙な点は、変化に向かう大きな圧力が検察官にかかっており、裁判官や弁護士たちにはほとんどかかっていないことである。検察の改革は必要である。特に、被疑者や参考人が実際に供述した内容と異なる調書を作成するようにと、上司から指示された経験のある検察官が4分の1もいるという現状を鑑みれば、改革の必要性は高い(4)。

検察官たちは改革を拒むだろう。権力はコントロール権を自分から譲らないものだ(5)。しかし、検察官は裁判官と弁護士とともに「刑事裁判村」の一角を担っているにすぎない。検察官がこの村を支配しているのは、裁判官や弁護士が検察官に支配権を与えてきたからである。刑事手続における検察官の権限をチェックする機能を裁判官や弁護士が果たしてこなかったという重要な事実を、刑事司法改革に関する議論は忘れてしまっている。

例えば、裁判官には刑事手続における最終的な決定権がある。裁判官は、自らの権限で検察官(と警察官)が求めるものを与える。例えば逮捕状、勾留状、裁判で提出されることになる証拠、有罪判決、そして実刑判決などである。検察官が下級審で求めたものを得られなくても、控訴審で得ることができる。このような裁判実務は必要でもなければ不可避でもない。戦後の改革によって多くの革新的な規定が作られた。例えば適正手続を受ける権利、公正な裁判を受ける権利、そして黙秘権などである。しかし「書かれた法」を「動く法」に解釈していく際、日本の裁判所は「被疑者・被告人の保護を大きく制限するような幅広い解釈を採用し、受け入れ、あるいは黙認した反面、捜査機関に幅広い権限を与えてきた」(6)。裁判官が検察官に追従するという状況があるからこそ、日本の刑事司法について一つだけ変えられるなら、検察官寄りの判断をする裁判官の姿勢を変えたいと一部の刑事弁護士たちはいうのだろう。裁判官たちはいつも検察官に依存する。すなわち、検察を変えるよりも、裁判所を変える必要がある。ある弁護士は「裁判官が変われば、検察官も変わらざるをえない」という。

裁判官たちと同様、弁護士も検察官や警察官に対して消極的な姿勢をとってきた。弁護士の法的・倫理的義務は、あらゆる公正・適法な手段を使って依頼者のため最善を尽くすということにある。しかし、しばしばこの義務は果たされない。何十年もの間、検察官が脚本を書き、裁判官が認定し、弁護人がほとんど口を挟まず進んでいく「裁判」というセレモニーにおいて、多くの弁護士は受動的な脇役でしかなかった。この受動的な役割には、弁護士のコントロールできないものを含め、たくさんの原因があった。まず、裁判所の法解釈によって、弁護人が被疑者・被告人のためにできることの範囲は狭められた。また、刑事事件のほとんどは日本の弁護士の他の仕事に比べて、報酬が少ない(他の分野と同様、刑事弁護についても支払った分に応じた弁護しか得られない)。日本において良い刑事弁護の障害になるものにはこのように法と経済に関わるものもあるが、さらに大きい障害は、文化的な障壁である。東京大学の元総長で刑法学会の元理事長であった平野龍一氏が「異常」で「病的」で「かなり絶望的である」と嘆いた日本の刑事司法においては、弁護士たちも共犯者なのである[7]。

伝統的に日本の刑事弁護人たちは、被疑者・被告人に対して黙秘権を行使することをほとんど勧めてこなかった。1991年に1000人以上の弁護士への調査が行われた。その中で、実に60パーセントの弁護士が被疑者・被告人に対して黙秘権の行使を勧めたことがないと答えたのである。一度もなかったのである。同じ調査で、弁護士の3分の2は、検察官が証言でなく調書による立証をしようとしたときに証人を法廷で証言させるように要求したことがなかったこと、4分の3が裁判所に証拠開示命令を求めたことがないことが明らかになった。このような消極的弁護は、まるで力士が自分の片方の手を背中にくっつけて相撲を取るようなものである。

取調官に対して何も供述しないというのは、被疑者の利益にもっともかなう戦略である。したがって、この基本的権利の行使をなぜ勧めないのか理解しがたい。おそらく一つの理由は、日本の長い取調べ手続において黙秘を貫くことが非常に困難だからだろう。以前、ある弁護士が筆者に言ったことがある。「100人の被疑者に黙秘をするよう助言したとしても、〔長い〕取調べの最後までずっと黙っていることができるのは、せいぜい1人か2人です」と。

いずれにせよ、多くの刑事事件において被疑者ができる最善の選択は、ボストンのイエローページの「弁護士」の項目で、ある広告がいうとおり「とりあえず、黙っておけ」ということだろう。

被告人が無実を主張する裁判においても、熱心な弁護がほとんど行われていないことに驚かざるを得ない。例えばある強姦事件では、被害者が性交に同意していたと被告人が主張した。しかし、公開の法廷で弁護人自身が被告人を叱ったのである。当惑した被告人に弁護人は尋ねた。「君は一体何をしたいんだね」と。「君の言っていることを信じる人がいると思うのか？私は信じない」。別の殺人事件では、殺人の前科のある被告人に対して検察官が死刑求刑をした。しかしその公判の中で2人の弁護人は検察官の最重要証人に対して証言の弱点を突くような機会を何度も逃していた。検察官がしつこく黙秘を続ける被告人に罪を被せるような質問をしたときも、弁護人たちは全く異議を申し立てなかった。最終的に被告人には死刑判決が言い渡されたが、筆者は驚かなかった。被告人は弁護人に不信感を抱いたに違いない。味方であるはずの弁護人がこのような状態なら、敵も不要だ。

刑事手続が検察側に有利に傾いている国において、殺人事件を弁護することは容易ではない。また、刑事事件の弁護をする正しい方法が、いくつもあることを理解しなければならない。事件やその内容に沿った弁護が必要だし、日本とアメリカとは異なる。しかし、日本でも、時に攻撃は最大の防御であるはずだ(8)。殺人の弁護をするという場合には、褒められようと期待してはならない。人を怒らせ、敵を作り、騒ぎたてる覚悟がなければならない。騒ぎたてることによって、法は遵守されるのである。裁判員制度は、変化が不可欠な日本の刑事司法を改善するための重要な機会を日本の刑事弁護人たちに与えてくれると語った高野隆弁護士は、「人を怒らせる」必要があるともいっていた。「〔2009年の〕裁判員制度の開始は、職業裁判官に対する戦いの始まりである。多くの裁判官は、裁判員制度改革の射程や重要性を矮小化しようとしている。しかし、これは権力闘争だ。〔被告人の権利を保護するという義務を果たそうとするのであれば〕刑事弁護人は、裁判員たちが職業裁判官に対して評議室で立ち向かい、言い負かすための力を与えなければならない。そのためには刑事弁護人は長きにわたって足かせとなってきた、自分たちは役立たずなんだという感情を捨て去らなければならない。刑事弁護人は、刑事手続において消極的な役割に徹することになれてしまっている。そして、自分たちのしていることに意味がないと、社会的にも思い込まされてしまっている。しかし我々の前にいる裁判員たちに語りかけることは、壁に語りかけることとは違う。今や変化を呼ぶことができる機会を得た。その機会を最大限に活かさなければならない。様々な問題を抱える制度を変えるべく、公判廷で闘わなければならない」。

裁判員制度によって得られた新たなチャンスを弁護人たちが利用することができたのかは、まだわからない。日本の刑事司法への市民参加のもう一つの制度によって新たな困難がもたらされているということもあり、良い方向での改善が保障されているわけではないからだ。

被害者とクロージャーの神話

裁判員制度とともに日本の刑事司法を大きく変えたもう一つの改革が、被害者参加制度である。この制度によって刑事手続の表舞台に被害者や被害者遺族が入り込んだ。一つの問題は、日本の死刑制度における被害者の重視は、発展をもたらすのか、退化をもたらすのかという点である。その答えは、死刑制度を「被害者サービスのためのプログラム」[9]であると評価するか否かによって異なる。

日本の刑事手続において被害者たちは長きにわたって無視されてきた。したがって、被害者たちはこれまでよりも多くの支援や配慮を得る必要があることには間違いない。しかし、彼らを助ける必要がある一方、被害者の権利運動の多くは厳罰志向である。被害者支援の他の方策は無視されてきた。例えば、復讐感情をあおるような方法ではなく、犯罪による害を回復する方法に注目した「修復的」な試みなどは受け入れられなかった。

日本の被害者権利運動も厳罰志向であり、被害者やその家族は刑事手続の中で神聖ともいうべき地位を得てきた。このことによって彼らに対する反対尋問や彼らの主張への異議は困難になってきた。

熱心な反対尋問は公判で真実を判断するための重要なツールであるから、被害者や遺族に対して反対尋問しづらいという状況は深刻である。例えば、東京のある殺人事件で、被害者の母親が死んだ娘に会えなくて辛いと証言した。しかし、実際には母親と娘は殺害の何年も前から仲が悪く、娘の死亡後に母親が相当な額の生命保険金を手に入れていたことを弁護人は知っていた。弁護人は、母親を「再被害者化」したと批判されることを恐れ、これらの点について黙っていたことを後に明かした。被害者が神聖化されてしまうと、真実が語られなくなる。

死刑存置論者の多くは、死刑判決や死刑執行により、被害者や遺族は「クロージャー」、つまりひどい出来事がようやく終わったという満足感を得るという。しかしクロージャーは神話にすぎない。なぜなら遺族の喪失感に「終わり」はないからである。不幸なことに、彼らの苦しみは終わらないのである。クロージャーのよりよい説明は「メモリーワーク」のプロセスとしてそれを見ることである。つまり、遺族が殺人とそれへの対応について意味のある語りを構築するというプロセスである。

この意味で、遺族は生涯を通じてクロージャーを探求することになるのだ。クロージャーの神話に惑わされ「一区切りをつける」という幻を追い求めるべきではない。クロージャーがもたらされるという約束は誤った癒やしであり、必ずや失望をもたらす。死刑が殺人被害者の遺族にクロージャーをもたらすことはほとんどない。しかし、死刑判決を言い渡されなかった事件の遺族には怒りをもたらす。日本の検察官が死刑判決を求刑するのは、100件から200件の殺人事件のうちおよそ1件である。もし量刑の重さが被害者の重要度に比例するのであれば、多くの被告人に与えられる死刑以外の判決によって、遺族たちは亡くなった被害者が軽んじられたという思いを持つだろう。このような誤解を解くためには、検察官としては江戸時代と同じくらい頻繁に極刑を追求しなければならない。しかし、そのような時代に後戻りしたいという者は、死刑存置論者の中にさえいないだろう。

クロージャーは神話ではあるが、死刑廃止に向かう時代においては重要な役割を果たす。第一に、クロージャーは死刑の厄介な現実を美しい古色で覆い隠し、人々に死刑を受容しやすくさせるからだ。なぜなら「私は復讐を望む」というよりも「私は被害者たちを支えたい」という方が容易である(あるいは容易であるように思える)からである。第二に、死刑の中心的役割がクロージャーである場合には、死刑が国家権力の行きすぎた発動か否かについて考えなくてもよい。クロージャーという枠組みは、社会が国家のためにあるのではなく、国家が社会に尽くすためにあるという説明を行い、死刑を「非権力化」するのである。「クロージャー」ということばはまた、刑罰に対する社会的統制の歴史と死刑とを結びつける。アメリカにおいては、クロージャーに関する主張はリンチや自警主義の血なまぐさい伝統と結びつく。日本でも何世紀にもわたって重要であるとされてきた「悔悟」や「償い」などの言説と結びつく。この言説というのは次のようなものである。「私は犯罪者が悔悟し償うことを望む。だから彼は死すべきだ」。

被害者のクロージャーの問題が浮上したのが、日本では2000年以降の死刑判決の増加、アメリカではその10年前の死刑判決の増加と同時期であったことは偶然ではない。被害者サービスや被害者のクロージャーのためという枠組みで死刑制度が議論されるとき、究極的には、他の理由での正当化が難しくなってきている刑罰が正当化されうるという効果が生まれる。

被害者と復讐の文化

日本の殺人事件の裁判は非常に感情的である。そこここで涙が流される。被害者遺族は証言するときも傍聴のときも涙を流す。傍聴人もメディアも涙を流す。検察官は被害者の苦しみを説明するときに涙を流す。弁護人は遺族の供述を聞いている時に涙を流す。そして被告人も涙を流す。泣いていない被告人は、苦悶と恥を体現するかのように頭を垂れる。被告人の両親も裁判所に対して供述をするときに涙を流す。ある母親は被害者遺族への謝罪をすることの許可を裁判所に求めていた。裁判所が許可すると、母親は遺族の方を向いて90度のお辞儀をしながら泣きじゃくってこういった。「私の息子がしたことについて、そしてご迷惑をおかけしたことについて、本当に申し訳なく思います」と。このときは筆者も涙を拭わずにはいられなかった。母親が話したとき、裁判官の1人も涙を流した。この被告人の事件では4人の裁判員が涙を流した。うち2人はかなり頻繁に泣き、涙を隠すこともなかった。裁判における涙は、悲しみ、悲嘆、反省、苦悩、怒り、そして憤怒など様々な感情を体現する。

人間は誰しも感情を持つものである。しかし、刑事裁判における感情の明確な役割を見極めるのは難しい。アメリカの連邦最高裁は1977年に「死刑量刑を言い渡すあらゆる判決が理性に基づいており、また理性に基づいているように見えるということは、被告人にとっても社会にとっても極めて重要である」（ガートナー対フロリダ事件判決）と判示した。さらに一般的にいえば、1970年代以降のアメリカの判例における一つのテーマは、量刑手続を「合理化する」よう努めるというものであった。それには応報感情や指針のない陪審の裁量などを、合理的な原則や法の支配の価値観に取って代えることが必要だった。しかし皮肉なことに、アメリカの連邦最高裁は検察官が「被害者衝撃」証拠（被害者が受けた衝撃を語るための供述）を死刑事件の量刑手続において提出することを認めている（アメリカの被害者は「死刑の言渡しを求める」というように、特定の量刑を求めることは許されていないが）。これは連邦最高裁の死刑の合理化改革とは相反するように思われる。[10]

日本では、被害者参加制度によって、殺人の被害者遺族や友人が死刑判決の言渡しを求めることが可能であり、実際にもしばしば行われている。しかし遺族が死刑判決を懇願するという状況になれば、裁判所の判断や検察官による死刑求刑の判断はゆがめられかねない。第2章でとりあげた殺人事件の公判では、遺族である2人の親たち、彼らの代理人、4人の被害者、そして2人の検察官が公判審理の最終日に、3時間にわたって被告人に死刑判決を言い渡すよう訴え続けた。実際、被告人には死刑が言い渡された。

別の事件では、殺人事件被害者のきょうだいの証言が、被告人を「嫌悪する」ということばで始まった。そして話せば話すほど、彼女の感情は高ぶっていった。陳述を読み上げるときには涙を流し、被告人の「ひどい行為」によってどれほど悔しい思いをしているかを強調した。さらに、被告人が供述によって裁判所をだまそうとしているとまでいった。「都合の良いことばっかりいって。愛する家族を返して！」と。陳述の最後の方で彼女はあえぐように泣き叫んだ。そしてことばを続けられなくなったとき、別の人が証言台に現れ、彼女の代わりに陳述を読み上げた。陳述の最後は次のようなものであった。「先日、姉の墓参りに行きました。そして、次に来るときには、死刑判決を必ずもらってくるからねと伝えました。愛する姉はこの裁判を見ています。裁判所には必ず死刑を言い渡して頂きたいと思います。私は死刑判決を求めます。そうして頂ければと思います」。

日本の役人たちは、死刑が応報によって正当化されるという。しかし、実のところ応報というのは、形を変えた被害者の復讐である。さらに、死刑存置論者は被害者の怒りを盾にとって死刑を正当化しようとする。直接的に自分たちの感情を口に出すよりも、その方が言いやすいからである。このような隠れ蓑は、検察官によって特によく用いられる。検察官たちは被害者のためにというが、実際には被害者感情が自分たちと同じ方向に向かうときはそれを利用し、(死刑の適用を求めないという)別の方向に向かう時には被害者感情を無視する。さらに、検察官たちは、死刑が言い渡される場合には執行前の裁判がより長くなってしまうことを被害者に告げない。つまり、何年も何十年も、なんらの区切りも付かないことは知らされないのだ。もちろん、死刑の適用においては慎重を期す必要があるため、時間をかけなければならない(第2章を参照)。

被害者が求めるからという理由で、あるいは被害者のために死刑を言い渡すべきか否かを決めるべきではない。死刑の言い渡しは、あまりに重大である。民主主義社会においては、少数者が全員を代表して語るべきではない。たとえその少数者が非常に気の毒な境遇に置かれていてもそうなのだ。また、民主主義社会において刑罰の運用の在り方を考える際に、市民の選好が果たすべき正しい役割を見極めるのは難しい。被害者や被害者遺族の選好は関係がないわけではない。しかし、それによって他の実務的・法的な考慮が周辺に追いやられてよいわけはない。それにもかかわらず、なぜか遺族の感情は、その他あらゆるものを凌駕する切り札のようにして提示される(11)。

今のところ、復讐を渇望する被害者の声は、日本の死刑制度におけるもっとも強い力の一つであるが、それについてほとんど議論はない。日本の法は死刑が特別であるとはいっていない。したがって遺族たちの怒りや苦悶などの強い圧力からの保護はほとんど提供されていない。

日本の殺人事件の裁判では、感情が中心的な役割を担う。だからこそ、裁判において事実認定と量刑判断の段階を分けるという手続の二分を行うことが不可欠である。特に被告人が無実を争っている事件では手続を二分することが必要である。なぜなら裁判官と裁判員が、有罪無罪の判断には直接関係しない被害者の証言(「被告人は罪を償うべきである！」)を聞いた場合に、有罪判決を言い渡す確率がかなり増加することが研究でも示されているからである。

死刑はつまるところ復讐であると認識されなければならない。しかし復讐は極刑を正当化するものではない。復讐は凶暴な感情であり、大義名分である。したがって、それは復讐心を持つ人自身にとっても危険である。「復讐の旅に出る者はその前に墓穴を二つ掘れ」という格言が語り継がれてきた。

復讐の文化による死刑の定着？

近年、死刑を廃止する国が急速に増加しつつある。死刑廃止に向かう流れの主要な要因は「人権ダイナミクス」の出現である。人権ダイナミクスは、死刑を生存権と、残虐で非人道的な刑罰からの自由を保障される権利との否定と捉える考え方である。死刑を存置している国の今後は、二つの対抗する枠組みの戦いで決まると考えられる。死刑は人権にかかわる問題なのか、被害者のためのプログラムなのか。

ここ10年ほど、被害者は日本の殺人事件の裁判、公判前整理手続、そして上訴審の手続のいずれに対してもより大きな影響力をえるにいたった。その結果、復讐の文化によって日本の死刑制度が形作られることになった。復讐の文化における「復讐」は、喪失への個々の被害者の反応であり、社会の怒りの形でもある。復讐は、いかなる場面でも自らが正義であるという。そしてこの正義の確信があるからこそ、復讐は複雑な事実や複雑な道徳的考慮にはほとんど目を向けない。復讐は、死刑によってはもたらすことのできないカタルシスを約束する(しかし、実際は人がお互いに対して持っている愛着のみが安堵をもたらすはずである)。また、一部の人々の感情を特別扱いするとき、復讐は非民主的なものとなる。死刑について考える時には、(多くの人が考えるように)「被害者の考慮」と「犯罪者への同情」を天秤にかけるべきではない。天秤にかけられるべきは「復讐」と「人権」なのである。

日本の復讐の文化にはあらがうことができる。一つの方向性は、刑事罰を決定する際に怒りを考慮することへの懐疑である。もう一つは、市民感情に逆らうという方向性である。つまり、他者が道徳的・事実的に確実だと思うことに正々堂々と疑義を唱えるということである。日本の復讐の文化を廃絶するためには、復讐は野蛮な正義であるということを認識することも必要だろう。人々が復讐に走ろうとすればするほど、法はそれを除去すべきなのである。これらの様々な抵抗を行うためには、個人も政治も勇気を持たねばならない。それは容易なことではない。しかし、アリストテレスがいったとおり、勇気は第一番目の徳なのだ。なぜなら、勇気はその他の徳の前提だからである。復讐の文化に抵抗する勇気がなければ、被害者参加制度によって死刑制度は日本の法と社会にさらに深く定着してしまうことになろう。

裁判員制度についていえば、市民参加の今後の影響を予測することは難しい。一方で、裁判員に「負担」をかけないことが最優先課題であると広く考えられている。確かに、裁判官、メディア、そして一般市民は皆、裁判員に対する身体的・精神的負担を気にしすぎるあまり、この副次的な目的が刑事司法の根源的な目的に取って代わろうとされているのである。裁判員の健康への注目は、次のような新聞の見出しにもしばしば見られる。「裁判員への過度の負担」

（日経新聞）、「裁判員の精神的疲労」（毎日新聞）、「裁判員が払う大きな犠牲」（読売新聞）、「裁判員の心のケアをするために」（朝日新聞）など。

いかなる制度の下においても、死刑の運用は公正で、適正で、正確に行われなければならないということが大前提である。これは、事実認定の正確性を意味する。つまり、起訴された犯罪について被告人が本当に犯人といえるのかという問題である。しかし、無実の者に対して死刑判決を言い渡す可能性がないと言い切ることができるとしても（そんなことは不可能だが）、もう一つの重大な問題は、死刑判断の道義的正確性である。死刑は一貫性をもって（同じような事件を同じように扱う）、かつ個別性を考慮して（異なる事件には異なる扱いをする）運用されなければならない。さらに個々の被告人の有責性を慎重に考慮する必要がある。社会的地位、被害者感情、司法の便宜などのように、道義的に関連性のない要素を考慮してはならない。

日本では、事実的正確性と道義的正確性のいずれもが脅かされている。判例は死刑を特別な刑罰として扱っていないし、裁判官たちは裁判員の負担を軽減するために、計画した公判前整理手続における審理計画を変更することを嫌がる。

裁判員の精神的負担を過度に考慮することによって、ゆがんだ動機が生まれかねない。なぜなら、裁判員たちの大切な時間と脆弱な心を守るために、そして、裁判官への批判を回避するために、手を抜くことを裁判官に推奨しかねないからである。このような意味で、実際には国の役人たち（特に検察官と裁判官）が主導権を握りつづけている「生か死か」という判断を、裁判員が担っているという印象が与えられている。「国民」が判断しているという考え方は、死刑判決の正当性を強化し、改革や廃止から遠ざけることにもなりかねない。

他方で、司法制度改革の効果が現れるには長い年月がかかる。もし裁判員制度改革が日本の刑事手続に「一石を投じた」としたら、国家による殺人は国家が責任を負うものではなく、市民社会も責任を負うのだというさざ波を伝えていき、それによって死刑制度は徐々に変わっていくかもしれない。市民の新鮮な目は重要である。なぜなら、人生においても法律の世界においても、見慣れてしまえばしまうほど、目に映るものは少なくなるからである。英国の作家のG・K・チェスタトンは一世紀も前にこう述べた。

復讐のために人を選び出すというのは、嫌な仕事である。しかし、人はその仕事に慣れる。その他の嫌な仕事と同じように……すべての（一番優秀な者でも）法律関係の役人（すなわち裁判官、治安判事、弁護士、捜査官、そして警察官）の恐ろしいところは、彼らが危険だということではなく（善良な者もいる）、馬鹿だということでもない（頭の良い者も中にはいる）。

恐ろしいのは、彼らが慣れてしまっているところにある。彼らは被告人席に座った囚われ人を見ていない。彼らはいつもの場所にいる、いつもの人を見ているだけなのだ。彼らは恐ろしい裁判所という場を見てはいない。いつもの職場を見ているだけなのだ(12)。

多くの日本の裁判官たちは「いつもの場所にいる、いつもの人」が、多かれ少なかれ検察官の求刑する刑罰を受けるべきであるということに「慣れてしまっている」。ほぼ100パーセントの有罪率が、この恐ろしい傾向を証明している。これは、40人の検察官のうち、高い有罪率に日本の司法の問題点が現れていると考えた者がひとりもいなかったことにも見て取れるだろう(毎日新聞2011年3月9日)。弁護人たちも刑事手続において消極的な役割を担うことに「慣れてしまっている」。多くの弁護人は「恐ろしい裁判所」がどれだけ被告人にとって怖い場所なのかを理解していない。被告人にとって、弁護人の援助を受ける権利はもっとも根本的な権利である。なぜなら、弁護人の援助によって他の諸権利がはじめて意味を持つからである。もし弁護士たちが裁判員制度改革によって与えられたチャンスを摑まないのであれば、制度改革はおそらく残念な結果をもたらすであろう。権利というものは、父権主義的な権力によって与えられるのではない。権利は不正義の経験から生まれるのであり、それを認めさせるには、弁護人たちが大きな声で騒ぎたてなければならない。もし裁判員制度改革のさざ波が波及し続ければ、裁判官たちが「恐ろしい裁判所」を「いつもの職場」と見てしまうという傾向は、一般市民の常識によって変化していくかもしれない。そして、弁護人は「壁に向かってしゃべって」いるのではないことに気付くだろう。

市民参加制度によって日本の死刑が変化する可能性があるとすれば、以上のようなシナリオが考えられる。

終章では、政治や世論によって、今後、日本の死刑制度がどのように変化しうるかということを、さらに広く考えてみよう。

第６章　死刑と民主主義

民主党が２００９年８月から２０１２年12月まで政権を握った間、法務大臣となった者は８人いた。千葉景子氏は最初の法務大臣だった。千葉氏は１年の間、法務大臣を務めた。民主党政権の法務大臣のうち、死刑執行を命じたのは彼女を含め３人であった。２０１０年の７月、千葉氏は２人の男性に対する死刑執行を命じた。６人を殺害した篠沢一男氏と、２人を殺したとされた尾形英紀氏である。彼らに対する執行を命じた上で、千葉氏は東京拘置所における執行に、法務大臣としてはじめて立ち会った。また、数人のジャーナリストに、執行が行われていない状態の東京拘置所の刑場を見学することを許可した。日本における死刑の秘匿性の原則を打ち破る決断であった。さらに千葉氏は「死刑の在り方についての勉強会」を法務省内に立ち上げた。２０１２年３月に勉強会は「取りまとめ報告書」を公表した。ただし、そこには執行の実態についてはほとんど記されなかった。

千葉氏によるこれらの行動（とりわけ執行命令）は注目を集めた。死刑廃止論者たちは千葉氏が「死刑廃止」の信念を裏切ったと感じた。弁護士、政治家、そしてNGO運動家の一部は、千葉氏への怒りや失望をあらわにした。千葉氏が執行を命じてもなにも良い結果が生まれなかったこと、人権や生命の尊厳に関する彼女自身の信念に反したこと、民主党のその後の大臣たちによる執行を加速させたこと（2012年には2人の大臣が死刑を命じた）、民主党が2009年夏に地殻変動的な政権獲得をした際の選挙運動で掲げた「死刑制度改革」を後退させたことなどが批判された。

千葉氏は2016年に執行を命じた理由をつまびらかにした。[1] 彼女はそれまでにも2度理由を明かしていたが、2016年に3度目に明かしたときの説明がもっとも明快であった。それまでの2度の説明（朝日新聞への寄稿とNHKのドキュメンタリーの中でのインタビュー）での彼女のことばは、ジョージ・オーウェルの次のことばを想起させるものだった。「わかりやすいことばの最大の敵は、不誠実なことばだ[2]」。なぜ千葉氏の3度目の説明がより明快なのかはわからないが、筆者の勘によれば二つ理由がある。第一に、反覆することによって説明はより明快になる（教師や牧師に聞いてみるとよい）。第二に、（2016年に千葉氏のインタビューをした）堀川惠子氏は第一線のジャーナリストだからだ。いずれにせよ、絞首の執行を命じた理由を説明した千葉氏は賞賛されるべきだと思う。他の法務大臣や検察官、そして政治家と同様、死刑については何も語らず、決まり文句をいうだけにとどめておくこともできたのだから。

千葉氏のインタビューからは、以下のことがわかった。

1. 千葉氏が2010年に執行を命じた最大の理由は、日本における死刑をめぐる「議論」を活性化させるためだった。
2. 千葉氏は絞首刑が執行される10カ月前、2009年9月に法務大臣になった時点で死刑執行を許可しようと決めていた。
3. 千葉氏は執行によって、実際に死刑をめぐる議論が活性化したとは考えていない。
4. 千葉氏は執行が被害者の利益になるとは考えていないし、正義の実現に資するとも考えていない。
5. 法務省の役人たちが死刑執行命令書への署名をするよう千葉氏に圧力をかけたわけではない。
6. 千葉氏は、法務省の多くの役人たちが実は死刑の廃止を望んでいる、あるいは死刑についてどっちつかずの立場を採っていると考えている。

7. 2010年の執行の前に、千葉氏は法務省の役人たちに対して絞首刑の実態に関する情報提供を求めた。しかし、彼らは拒否した。

8. 法務省の役人たちは千葉氏が2人の絞首刑の執行に立ち会うことをやめさせようとはしなかった。

9. 千葉氏が立ち会った執行はあまりに「残虐」で「むごたらしく」、それについては説明することばもみつからない。

10. 千葉氏は、日本がいずれは死刑廃止に向かうと信じている。

これらはいずれも興味深いが、ここでは一つめの内容に注目したい。執行が死刑に関する「議論」を活性化するという千葉氏の信念が、このインタビューの焦点でもあるからだ。実際に、11ページのインタビュー記事の中に、「議論」ということばが29回も登場する。このことばは繰り返され、しかも記事の重要な部分(記事自体の副題と冒頭のリード文を含む)に登場する。このことは、死刑制度の大幅な改革のためには、制度の議論により世論が変化することが必要だという千葉氏の信念を表しているように思われる。この信念は日本で広く共有されている。(3) しかし、次に述べるように三つの点で誤解を生むものでもある。

世論と死刑

すでに140以上の国で死刑は法律上廃止され、あるいは10年以上連続して執行されていない。これらの国のうち、国民の大多数の世論により改革が進められた国は皆無である。「執行の停止や死刑廃止の主要かつ直接的な原因は、一般市民による死刑への支持にもかかわらず、政治的エリートのリーダーシップによって停止・廃止がなされたことにある」というのは、法社会学研究における鉄則の一つである。「前線によるリーダーシップ」というこの傾向をみると、日本の大多数の人々を説得して死刑反対派にするという努力はおそらく失敗に終わるということが示唆される。つまり、市民教育に意味がないとはいえないが、空虚な願いとなるだろう。市民教育に価値があるのは、死刑の廃止・停止を実現する現実的な力を唯一持っている、エリートたる判断者たちの見解に影響を与えるからである。しかし、他国から得られる教訓からすると、「廃止への一番の近道」は、「世論を完全に避けて通ること」である[4]。同じことは韓国と台湾のケースからもいえる。両者は近年、執行停止を経験した（台湾は2006年から2009年まで、韓国は1998年から現在にいたるまで）。韓国と台湾でも死刑の執行停止は「一般的に死刑存置方向に傾く世論とは関係がなかった[5]」。政治的リーダーたちが国家による殺人を止めたいと考えたために、執行はされなくなったのだ。

二つめの不変の事実は、日本における死刑支持の世論が、復讐や償いの感情からくるものであるということである。(6) つまり、凶悪な犯罪者の一部は死に値するという信念であり、理性や証拠に基づいた信念というよりも感情や直感からくる思いである。死刑について、より質の高い情報を提供したとしても、感情論を変化させることはできない。その重要性を見過ごしたり否定したりすることに長けているからである。(7) 人間は反証を無視し、死刑問題や移民問題のように激しい反応を呼ぶ論点については、事実を示しても逆効果になる。なぜなら、賢い人間ほど、耳障りな情報を合理的に説明する能力が高いという研究結果があるからだ。(8) 死刑について考えようとするとき、人々は事後的に正当化しようとする。そうすることで、彼らの復讐や償いについての信念はさらに強化される。

第三に、死刑に関する世論を変化させることは困難であるし、そもそも不可能かもしれない。1972年のファーマン判決(ファーマン対ジョージア事件)において連邦最高裁判所のサーグッド・マーシャル判事は、アメリカの連邦憲法第8修正にいう「残虐で異常な刑罰」条項のもと死刑の違憲性を判断する場合の世論の重要性について言及する、著名な一節を残している。マーシャル判事は三つのことについて言及した。(a)多くのアメリカ人は死刑に関して知識を持たない、(b)アメリカ人は死刑について勉強すればするほど、死刑を支持しなくなるだろう、(c)復讐感情から死刑を支持する場合、それを変えることは容易でない。

その後のグレッグ判決(1976年、グレッグ対ジョージア事件)でも、マーシャル判事は次のようにいった。「それを衝撃的で、不公正で、到底受け入れられないと考えるに違いない」と。彼の見解によれば、死刑に関するもっとも重要な問題は、「今日、世論調査をしたとき、アメリカ市民の一定数が死刑を野蛮で残虐であると考えるか否かではない。現在得られるすべての情報のもとで、それが野蛮で残虐と考えるか否かである〔傍線は引用者〕」。

後にマーシャル仮説と呼ばれるようになった彼のことばは、多くの研究の対象となってきた。アメリカでの研究結果は「様々」だ。[9] 一部の研究では、死刑に関する情報が多く与えられることで、死刑に対する嫌悪感が強まるわけではないとされる。別の研究は、情報によって一定の期間は見解が変わるが、その後もとの見解に戻るという。他の研究によれば、情報を与えられることによって死刑により強く反対することになる人もいれば、より支持を強める人もいる。

マーシャル仮説は日本にも妥当するのか。これについても研究が行われている。ある研究結果によれば、一般市民が死刑に関する情報を与えられて他人と議論する機会をえたとき、50人中11人の参加者が死刑存置から廃止に意見を変え、9人が廃止から存置へと意見を変えた[10]。「議論」は死刑に関する相対的支持率を変化させる影響を持たないのかもしれない。

2009年には、新たな裁判員制度によって死刑判決が減少するのではないかという予測も多かった。裁判員になる市民は死刑制度についてより深く考えざるを得なくなり、考えれば考えるほど死刑を支持することに躊躇すると(一部の予言者たちは)考えたからである。現実にはそうはならなかった。2009年以降の裁判員による裁判体は、2009年以前の3人の職業裁判官による裁判体より、検察官が死刑を求刑したときに死刑判決を言い渡す確率が高くなった。マーシャル仮説はアメリカでもほとんど支持されていない。死刑陪審を務める市民の80パーセントは死刑について考えを変えないし、変えた場合も死刑に反対するよりも賛成するようになるといわれている。つまり、千葉氏が2010年に執行を命ずるきっかけとなった「議論」については、実証的なエビデンスがない。

皮肉なことに、マーシャル仮説の最大の支持者は、マーシャルの同僚の連邦最高裁判事たちである。連邦最高裁の判事となった時には死刑存置論者だった数人の判事たちが、その後何年も最高裁判事を務め多くの死刑事件を扱ったのちに、反死刑派となったのである。特に著名なのは、1976年のグレッグ対ジョージア事件で死刑賛成票を投じたルイス・パウエル、ジョン・ポール・スティーブンス、ポッター・スチュワートである。グレッグ判決は、それ以前10年間近くも稼働していなかったアメリカの死刑の装置をふたたび動かしはじめた。3人の判事は、その後何年もの間アメリカの「スーパー・デュー・プロセス」法理を適用し、多くの死刑事件で「甚大な過誤」を発見した。そして、3人全員が、最高裁判事としての任務の終了時には、法で保障されている方法により死刑制度を運用するのは不可能であるという結論にいたったのであった。パウエル判事は退職後に、死刑制度は原理的には魅力的なものであるが、その実際の運用は「全く有益な目的を果たさないし、法制度すべてに対する信頼を失わせるものだ」と語った。他の連邦最高裁判事たちも同じく、法を愛することは死刑を嫌悪することであると学んだようである。実際、一部のアメリカの論者は、法の尊重と死刑の支持とが矛盾するという認識が高まることで、連邦最高裁がいずれは「死刑と適正手続の保障とは整合しないと結論づける」だろうと予測する。(11)

アメリカの状況に対し、日本の最高裁では死刑に関する「転向」がおそらく起こらないだろうと予測する理由が三つある。

第一に、日本の最高裁判事に任命される者はアメリカの連邦最高裁判事に比べて、より保守的な傾向があり、思想的な多様性もない。さらに、日本の判事はアメリカの判事に比べて任期が短い。日本の任期の平均は6年、アメリカは26年である。つまり日本の最高裁判事はそれほど多くの死刑事件を経験しない。したがって死刑制度の運用の問題点についても発見する機会が少ないだろう。さらに根本的なことは、日本法では死刑が「特別」ではないことである。「スーパー・デュー・プロセス」が法的な要請ではない。したがって日本の死刑裁判の過誤が上訴審で認められることはほとんどない（第2章を参照）。これに対して、近年アメリカの連邦最高裁で扱われる州の刑事事件の4分の1から半分を死刑事件が占める。アメリカでは死刑判決の半分近くが執行されない。検察官による非違行為、無能な弁護、陪審への瑕疵ある説示、その他様々な過誤によって死刑判決が上訴段階で破棄されるからである。これに対して日本の裁判例は、死刑事件について法が多くを求めないなら、裁判官や一般市民はほとんど見当が外れることはないという不条理な考え方を反映しているように思える。

二つの留保

通常、「議論」は死刑制度改革を動かさない。しかしながら、この事実について二つ留保をしておかねばならない。第一に、議論の重要性には限界があるといっても、日本政府が一般市民から死刑に関する情報を隠し続けることを許してはならない。とりわけ、裁判員裁判で一般市民が生か死かという判断を迫られる時代において情報を隠すことは許されない。多くの裁判員経験者が感じたとおり、裁判員が自らの責任を適正に果たすために、法務省は「すべての関連情報」を提供する義務がある。(12)日本の死刑執行の秘密性は非常に懸念されるだけではなく、権威的でもある。法務省の役人たち(密行政策の構築者であり、執行者である)は、日本の国からこのいぼを切り取るべきである。一般市民による執行のより強度な監視が執行を止める効果がなくとも、また透明性を高めることで死刑の適正さに関する多数の人の考え方が変わらないとしても、一般市民は死刑制度がいかに運用されているかにつき、より多くの情報を得るべきである。それが正しいあり方だし、民主的でもある。

第二に、死刑に関する教育は、完全に無駄にはならない。死刑の命運を手に握る政治的エリートたちに向けられた場合には、教育はもっとも大きな効果を持つ。この問題に関する最高峰の研究は「死刑はいつでも、そしてどこでも国家権力の発動である(13)」と結論づける。つまり、死刑の行く末は主として政治過程によって決定づけられるということである。もっとも影響力があるのは、エリート(政治家、役人、財界や司法界のプロたち)の態度や信念に影響を与える変化である。文化的な変化はエリートらの内部での議論を生み出し、死刑存置に賛成する者の支持を弱め、廃止に賛成する者の支持を強めるだろう。このような形での「議論」によってエリートたちの意見が形成されるならば、改革を起こす力になりうる。千葉景子氏は国会の中に死刑についての情報を収集し議論を行う機関を作ることを提案したから、このことをわかっていたのかもしれない。しかし千葉氏はまた、政治行動が「国民的議論」に簡単に従属するものであるとも考えていたようである。他国の経験からは、ダイナミクスは逆方向であることが示されている。

民主主義の様々な意味

要するに「議論」によって死刑改革が行われるという信念は、三つの厳然たる事実と矛盾する。どの社会でも、死刑について世論を変えることは難しい。日本の死刑に関する世論は、復讐や償いなど、合理的な議論にほとんど左右されない道徳的な直感に根ざす。他国でも、死刑の廃止や執行停止は前線のリーダーシップによって実現されてきたのであり、世論の変化によるものではない。しかし、もし世論が日本の死刑の廃止につながらないのであれば、残された道にはどういうものがあるのだろう。前線のリーダーシップというものは、非民主的あるいは反民主的なのだろうか。

シカゴにある第7巡回区控訴裁判所の著名な連邦判事であり、歴史上もっとも多くその著作が引用されたアメリカ法研究者でもあるリチャード・ポズナー(2017年に裁判官を退官した)は、ヨーロッパのすべての先進民主主義国家が死刑を廃止した後もアメリカが死刑を存置し続けている主要な原因は、アメリカが「より民主的だから」[14]であるという。アメリカの政治はより「政治的」である。そして、アメリカ型の「超民主主義(ハイパーデモクラシー)」(地方の意思決定、市民参加、選ばれた者の説明責任などを重視する考え方)に支配されていない国と比べて、選挙で選ばれた役人は、選挙民の大多数によって支持された政策を実現することをより重要と考える。

日本でも、検察官や政治家たちは日本の死刑政策は「民主主義の作用」に過ぎないとしばしば主張する。死刑制度や死刑執行は民主主義により規定されており、大多数の人々の死刑制度への支持からくるものでもあり、望ましい結論なのである。死刑に反対することは、民主主義を否定することである。

しかし、死刑が民主主義作用の反映であるという主張は、経験的にも理論的にもあまりに単純だし、誤解を生むものでもある。経験的にいえば、選挙民たちは多くの政治的争点について十分な情報を得ておらず、したがって選挙によって(ほとんど情報を与えられていない)投票者の意向を反映する政治が実現されることも少ない[15]。さらに、民主国家で「誰が統治するのか」

という問題については多くの研究があるものの、一般人の見解が影響を与えることはほとんどないと示している点で一致している。アメリカのある研究では、1779個の政策を、20年の間に議会や行政権が遂行するにあたって、市民その他のグループの選好がいかに反映されたかを追跡した。それによると、財界エリートや範囲の狭い特定の利益集団が選好する政策のおよそ半数が実現され、反対する立法はほぼ常に阻止された。他方、大衆に根ざした利益集団は公共政策にはほとんど影響を与えず、一般市民の見解は全く影響していなかった。この研究の報告者が結論づけたように「財界エリートの選好や組織的な利益集団の立場は影響を与える一方で、一般のアメリカ人の選好は公共政策に対してほとんど、あるいはゼロに近い、統計的にも有意とはいえない影響しか与えられていないようである」[16]。日本で選挙のルールが変化したとしても、今度は組織的利益集団や財界エリートが公共政策を形成し続けることになる[17]。

理論的な問題は「民主主義」ということばが「多数決制」以上の内容を意味するということである。実際に「民主主義」と死刑とは四つの観点で関連する。民主主義には代表民主主義、参加民主主義、依法型民主主義(法の民主化)、自由民主主義の四形態が存在するからである。

(a)代表民主主義において、死刑に関する政策は市民の要求を反映する。そして、市民の要求は、選挙、世論調査その他の市民感情の表出によって示される。(b)参加民主主義では、死刑制度の存在によって、市民は刑事手続で一定の役割を果たすことを許される。例えば、裁判結果に利害関係のある被害者や被害者遺族として、あるいは裁判において生か死かという判断を行う裁判員としてである。(c)依法型民主主義では、死刑制度は「法の支配」の促進を目的とする。例えば、殺人事件を抑止し、死刑制度を公平・公正に、そして正確に運営しようとすることによってである。(d)自由民主主義では、刑罰は人間の尊厳、自由、公平、そして生命権などの基本的価値を促進するために存在する。[18]

民主主義が何を求めるのかを考えるにあたっては、以上の四つを民主主義の異なる「鎖」(太い鎖も細い鎖もある)として見ることができるかもしれない。これらの鎖は一緒に束ねることもできるかもしれないし、死刑制度を民主化するための様々な「指導原理」としてとらえることもできるかもしれない。いずれにせよ、民主主義と死刑制度との間の関連についての日本の議論は、「民主主義」を矮小に考えてきた。代表民主主義や参加民主主義の側面は強調されてきたが、依法型民主主義や自由民主主義の側面は矮小化されてきた。この問題について議論するにあたって、検察官、裁判官、裁判員、そして被害者は世論を代表する代理人として死刑制度に参加することを期待されてきた。しかし、法の支配や自由権的価値との関連は、ほとんど議論されてこなかった。このような限定的な民主主義の見方からは、公正や適正手続などの法の支配の価値、そして人間の尊厳や生命権などの自由権的価値は軽視され無視される。日本でも、民主主義と死刑との関係性についてより深く理解することによって、民主主義の法の支配的側面・自由主義的側面の矮小化は避けられることになろう。そうすることで、日本の中心的な価値観に法の支配や自由主義的な側面があること、それらは死刑制度によって軽視されてしまうことが明らかになるだろう。理解を深めることで、日本の死刑制度の文化を特徴づける「厳罰主義」の言説から離れることの賢明さも明らかになるだろう。つまり「犯罪に賢明な対応をすること」(第1章で述べたとおり、死刑によって殺人は抑止されない)、そして凶悪犯を含むすべての人の尊厳を尊重することが実現される。

アメリカと日本以外のすべての先進的民主主義国家で達成されている死刑廃止は、人権の尊重を含む民主主義的な価値観の表明である。千葉景子元法務大臣には敬意を表したいが、民主主義と死刑制度改革との関係に関する彼女(や他の政治的リーダー、そしてメディア)の考え方には誤解がある。おそらく千葉氏は今後も死刑廃止に向けた尽力をされると思う。そして、いずれは彼女の側に勝利がもたらされるだろう。いったん死刑を廃止してしまえば、死刑制度への支持は下がる(死刑を廃止した国では、常にこの現象が起こる)。裁判員は、生か死かという判断を迫られなくなるし、凶悪犯罪の被害者たちは、自分たちに苦痛をもたらした加害者を殺すよう国に対して懇願しなくてもよくなる。しかし、廃止の日が来るまで、日本のリーダーたちは基本的でありながら無視され続けてきた問題に直面し続けなければならない。国が自らの市民を殺す法的権限を永久に奪うという改革を、民主的でないと本当にいえるのだろうか。

憲法9条と国家による殺人

いつの時代も、大多数の人にとっての「政治」は、民主主義に関する思索を深くめぐらせる対象ではなく、社会的なアイデンティティや党派的な忠誠を誓う対象である。つまり、政治に関する考え方は、人が所属する集団や、その集団がもっとも重要だと考えるシンボル（象徴）に規定される。この基本的事実が認識されれば、政治は象徴や抽象概念の羅列として受け止められることになる。政治的な分析を行う際、死刑によっていかに人々が沈静化され、あるいは刺激されるのかを考慮する必要がある。

日本の死刑に関する議論の中で見過ごされている点の一つが、死刑と国防との関連である。日本の民主主義は、他の産業先進国とは異なる。なぜなら、日本の国家は軍事力や軍事政策を用いる権限を持っていないからである。戦後の占領により、日本の国家は憲法上、平和主義を採用した。そして、武力による威嚇も、武力の行使も、国際紛争をする手段として永久にこれを放棄している(日本国憲法第9条)。もちろん自衛隊は、世界の中でも技術的に最先端の軍事力を有している。また、日本の相対的な防衛費は、2016年には世界第8位であった(英国の次点で、日本の次点はドイツである)。しかし日本国憲法が採用する平和主義により、軍事的な脅威にさらされた場合の政府の対応には足かせがはめられている。自由民主党によって主導される保守的な日本国政府にとって、この軍事力に関する平和主義は、日本を無能にしていると感じさせる不安要因となっていることであろう。日本の保守政権が毎年、必ず死刑を執行しようと決心しているかのように見える背景には、憲法9条によって国家による殺人が制限されていることがあるのかもしれない。9条による足かせがあることにより、国家権力を手放したがらない保守的なリーダーが象徴的に用いているのが死刑制度だからである。死刑は、国家権力、そして国家と個人との間の関係性に関する強力な政治的象徴である。

日本の死刑判決や執行は1950年代から1980年代にかけて徐々に減少したが、1990年代以降、自由民主党政権は統治の道具としての死刑に、強い力点を置くようになった。中国の台頭や北朝鮮からの挑発などの新たな脅威に対し、日本がより積極的な軍事的姿勢を取るべきであると国内外の人々が主張しはじめた。しかし、軍事的には選択肢はない。だからこそ、死刑に強い力点が置かれるようになったのかもしれない。

皮肉にも、もし自由民主党が国外における日本の軍事行動をより積極化させる法的基盤を確立すれば、国内での死刑の象徴的な政治的利用をする必要性をそこまで感じなくなるかもしれない。コスタリカ、アイスランド、リヒテンシュタインなど、軍事面でも死刑についても平和主義を採用している国もある。しかし、これらの国は日本よりはるかに弱小であり、国際的な影響力も小さい。さらに、いずれの国も日本のように20世紀前半に「大東亜共栄圏」を築こうとしたような歴史はなく、ほとんどの国では軍事力を持たないと宣言する前に死刑をすでに廃止していた。日本ほど強大な国にあって、軍事力と死刑との双方を放棄したものはない。この意味では、日本における死刑廃止の障害となっているのは憲法9条かもしれない。そして国家による殺人という意味では、死刑を廃止しつつも軍事力の使用を容認しているヨーロッパの大国(ドイツやフランスなど)は日本の鏡像である。

日本のこの特異な状況がいつまで続くのかはわからない。今後もしばらくの間、日本を見守る人々は、日本の国家が自らの市民を殺すことを許しつつも日本の平和や安全を脅かす他国の人々を殺すことを禁じているのはなぜなのか、不思議に思い続けるに違いない。

死刑廃止を想像する

日本の死刑廃止への努力がいつまでつづくのかはわからないが、日本の将来についてもっとも悲観的な考えを持つ論者以外、おそらく死刑廃止は不可避であると考えているはずである。では、いかなる状況になれば、日本は死刑を廃止せざるをえなくなるのだろうか。

二つの可能性がある。

突発的な廃止となりうる場合の一つは、おそらく誤った執行の発覚だろう。英国における死刑の廃止(1965年)の直接の原因は、誤った死刑執行だった。日本でも、1980年代の4人の死刑確定者の雪冤後には、40カ月(1989年11月から1993年3月まで)のあいだ死刑の執行が停止された。しかし廃止にいたるこの道程は、不確実といわざるをえない。なぜなら死刑判決を言い渡された袴田巖氏が46年後の2014年に拘置所から釈放されたとき、誤った執行のリスクについては政治家も一般市民も無関心だったからである。袴田事件が示すことは、誤った執行は、政治的には死刑制度廃止や死刑制度改革にさえ結びつかないのではないかということである。さらに、袴田事件の再審に検察官は強く抵抗している。これは、他の事件において誤った執行を疑わせる強い証拠が出てきたとしても、検察官はそれを否定するだろうということを示唆する。法と社会の領域で権力と理性が衝突する場合、しばしば権力が勝利を収めるものだ。

もう一つのシナリオは、アメリカでの死刑廃止が日本の死刑廃止のきっかけとなるというものである。世界でもっとも影響力の大きい民主国家が死刑を存置しているということが、日本、台湾、インドなどの民主国家の死刑存置の正当化の理由にされてきた。一部論者の分析によれば、おそらくアメリカでは死刑は近いうちに廃止される。キャロル・スタイカー教授とジョーダン・スタイカー教授は、著作『死刑についての判断――連邦最高裁と死刑』（*Courting Death: The Supreme Court and Capital Punishment*（2016））の中で、「アメリカで死刑廃止が実現されるのは、そう遠くない未来である」、なぜなら、憲法原則や憲法の保障と合致するように死刑を規制しようとして、それが幾度も失敗する様子を見てきた多数の連邦最高裁判事が死刑を拒絶するにいたっているからであると展望する。また、『絞縄につるされて――死刑制度を殺すことによる刑事司法の再生に向けて』（*End of Its Rope: How Killing the Death Penalty Can Revive Criminal Justice*（2017））の中で、ブランドン・ギャレット教授は、アメリカの死刑は「絞縄につるされて」おり、「何世代もかからぬうちに、いや何年かで」廃止されるだろうと結論づける。

連邦最高裁のスティーブン・ブライヤー判事（およびルース・ベイダー・ギンズバーグ判事）も、２０１５年のグロシップ事件判決（グロシップ対グロス事件）において、（「残虐で異常な刑罰」を禁止する)連邦憲法の「第8修正に死刑が違反する可能性が高い」と考えていること、そして死刑の運用における三つの側面が憲法違反であること(事実認定が信頼できないこと、適用が恣意的であること、そして死刑判決の言渡しと執行との間にあまりに時間が経過しすぎていて、死刑が刑罰目的を果たせていないこと)を明言した。これらの重大かつ慢性的な問題があるがゆえに、死刑が憲法そのものに違反するか否かという問題について連邦最高裁が判断すべきであると主張したのである。もしそのような事態になり、さらに判事がもう一人、死刑の合憲性に疑念を持つ場合には、アメリカの死刑は実際に廃止されるかもしれない。そうすれば、日本やその他の存置国は、人権を重視する時代においてはますます正当化されにくくなっている死刑制度について、アメリカという隠れ蓑を失うことによる影響を被るだろう。

しかし、これらの状況にかかわらず、政治的エリートたちが主導しない限り、廃止は実現されないだろう。戦後日本の国を治めてきたのは、4年間を除き保守派だった。したがって、政治的エリートたちがこのような議論を行うことを期待することが現実的なのか、問う必要もある。この問題に関する意見を変えることは非常に難しい。はたして保守派は、これまで避けてきた(抑止力や冤罪に関する)事実を受け入れ、一時は拒絶した(廃止という)立場を採用するだろうか。これは重大問題でもあり、難しい課題でもある。しかし、多くの保守派のリーダーたちが大量拘禁や死刑に反対するにいたったアメリカの状況を見ると、条件さえ揃えば日本でも改革が実際にもたらされる可能性があることが示唆される。[19] アメリカで保守派が立場を変えた一つの主要原因は、ここ25年で犯罪数が大きく減少したことにある。政治家たちは「厳罰主義」をとり続けるのではなく、「犯罪に正しく対応する」という政策を支持しやすくなった。日本では過去10年以上、犯罪は減り続けている。一時は懸念されたペナル・ポピュリズム（大衆の支持による厳罰化）への転換は弱まり、拘禁率も減少した。今後どうなるかはまだわからない。しかし、すでに世界一安全な社会におけるさらなる犯罪の減少は、日本の一部の保守派リーダーたちの考えを変化させるかもしれない。そして、平成の時代に繰り返し用いられた「犯罪統制」や「贖罪」の枠組みを脱ぎ捨て、21世紀における死刑の在り方について考える上でのよりよい枠組みとして「人権」が受け入れられるかもしれない。

死刑廃止の「後」を展望する

最後に、死刑が廃止されたときにいかなる変化がもたらされるかを考えてみよう。そうすることで、廃止に向けたいくつかのインセンティブが明らかになるし、日本の刑事手続の他の側面への死刑の多大な影響も理解できるだろう。

事件数でいえば、死刑事件は日本の刑事司法制度において、ごく小さい割合しか占めない。殺人事件の行為者のうち、死刑を言い渡される者は1パーセントに満たないし、刑法犯に殺人事件が占める割合は0・1パーセントに過ぎない。しかし死刑制度への関心は高く、その規模の小ささと比較して、あまりに大きな影響力をもつ。死刑が消滅することにより、日本の刑事司法には四つの良い結果がもたらされるだろう。ただし逆に、進歩主義者にもたらされる試練もある。

第一に、日本の死刑は、犯罪被害者やその遺族への補償として重い刑罰を国家が科すという制度の運用を促進する。このことで国家が殺人を行う権限に対する懸念を持つ市民に安心感をもたらし、死刑を宣伝する効果を生む。被害者への国家の補償として刑罰を用いることを強調すると、刑罰が用いられれば用いられるほど被害者も報われる。この意味で、国家の補償としての刑罰の使用は、常に強化されていく。一方通行の上向きの刑罰スパイラルである。懲役5年が良いなら、10年はさらに良くて、15年の方がもっと良い。刑罰が象徴的な貨幣として用いられると、青天井がもたらされる。日本が死刑を廃止すれば、刑罰インフレへの衝動は弱まるだろう。

第二に、死刑は、他の厳罰を正当化する隠れ蓑になっている。特に無期懲役を言い渡された受刑者に仮釈放を与えないという最近の実務は、死刑の存在により、背後に隠されてしまっているように思われる。日本には仮釈放のない終身刑という刑罰はない。しかし実務上は、無期懲役（仮釈放のある終身刑）を言い渡された人々は極めて長期にわたって拘禁される。２０１５年末には１８３５人が無期懲役に服していた。死刑確定者全員の15倍の人数である。これらの無期懲役受刑者の半分近くが60歳以上で、12人は50年以上も服役を続けていた。ここ10年間で、無期懲役受刑者の中で仮釈放される者は毎年10人未満である。実質的に無期懲役は「仮釈放のない終身刑」を意味する。

死刑が選択肢として存在しなくなれば、無期懲役はその実態どおり極めて厳しい刑罰として見られるようになるはずである。日本の極刑が死刑ではなくなれば、無期懲役を言い渡された受刑者にとっても仮釈放が現実的な可能性となるかもしれない。そして、凶悪犯が死刑以外の刑罰を言い渡された場合に、それが軽すぎると不満に思う一般市民や被害者遺族も減るかもしれない。

第三に、死刑が存在することによって、他の刑罰や国家権力の行使の監視から弁護士や裁判所の力が削がれてしまっている。すべての先進国には、行動の禁止や刑罰執行の行きすぎを監視するための特別なスキルをもつ、特定の政治的価値観を持った弁護士が一定数存在する。国家権力の行きすぎを監視する法律家にとって、死刑は大きな関心事である(し、そうであるべきだ)。日本の弁護士の数はそもそも少なく、権力監視をする弁護士はごくわずかである。日本で一番腕の良い弁護士たちの多くが死刑事件に力を注いでしまうと、他の領域での権力監視をする資源は枯渇する。国家権力の監視を日本の弁護士たちが適切に行えていると考える観察者は少ない(任務が大きすぎるのに対し、弁護士の数が少なすぎる)。死刑廃止が実現すれば、弁護士たちは、自分たちの力を必要とする刑事司法の問題、憲法の問題、そしてその他監督が必要な問題に取り組むことができるようになるだろう。

第四に、死刑廃止によって、国内的にも国際的にも政治上のメリットがもたらされる。国内における刑事司法政策の議論は、市民の注目を集め政治的な課題とされてきた死刑問題によってゆがめられてきた。死刑が廃止されればゆがみはなくなり、刑事司法の他の課題(例えば警察権限、検察官の裁量権、警察と検察という法執行の二つの機関に依存する裁判所の問題など)がより頻繁に検討されることになるだろう。さらに、死刑が廃止されれば日本と国際社会とのあいだの軋轢も弱まる。特にヨーロッパの豊かな民主主義国家は、日本が死刑を人権問題として扱わないことをしばしば批判してきた。死刑が消滅すれば、中国や北朝鮮が人権問題に対応しないことを日本が批判する時に「偽善者」として批判されることもなくなる。長い目で見れば、日本における死刑廃止は日本自体の自己概念を、国家による殺人についてどっちつかずの(戦争には「ノー」といい、死刑には「イエス」という)国であり文化であるというイメージから、常に生命を重要視する国・文化としてのイメージに変えていくかもしれない。

アメリカの研究によれば、死刑廃止州は、死刑存置論者たちが予想したような「ひどい事態」には陥っていない。2007年から2014年に死刑を廃止した6州において、殺人率は一般的に増加していないし、任務中に殺害された警察官や刑務官の割合も増加していない。[20] 日本でも死刑廃止によって殺人率が上昇するという理由はない。

しかし、廃止は別の歓迎されない効果をもたらすかもしれない。これまで死刑があることで注目されてきた刑事司法一般の運用への関心が薄れるかもしれない。死刑は特別な刑罰である。刑罰としての死刑の重大性と不可逆性は、当然ながら、冤罪への懸念を増加させることになる。つまり、死刑制度がなければ見過ごされてしまうような日本の刑事司法の問題点が、市民にもメディアにも注目されていた。もし日本において刑罰としての死刑がなくなれば、より広く刑事司法を悩ませる様々な重要な問題に注意を促す、新たな方法を見つける必要が進歩主義者には出てくるかもしれない。多くの冤罪は死刑事件以外で生まれている。死刑がなくなって、冤罪の問題が注目されなくなるようなことになれば、痛恨である。

参考文献

第 1 章

1 David Garland, *Peculiar Institution: America's Death Penalty in an Age of Abolition* (Harvard University Press, 2010), p. 22.

2 Ibid., p. 127.

3 Roger Hood and Carolyn Hoyle, "Abolishing the Death Penalty Worldwide: The Impact of a 'New Dynamic'", *Crime and Justice*, Vol. 38, No. 1 (2009), pp. 1-63.

4 Charles J. Ogletree and Austin Sarat, editors, *The Road to Abolition? The Future of Capital Punishment in the United States* (New York University Press, 2009).

5 National Research Council Committee on Deterrence and the Death Penalty, Daniel S. Nagin and John V. Pepper, editors, *Deterrence and the Death Penalty* (National Academies Press, 2012).

6 村松幹二, デイビッド・T・ジョンソン, 矢野浩一「日本における死刑と厳罰化の犯罪抑止効果の実証分析」『シリーズ刑事司法を考える 第6巻 犯罪をどう防ぐか』(岩波書店 2017), pp. 157-182; デイビッド・T・ジョンソン「死刑に犯罪の抑止効果はない」『世界』899号(2017年9月), pp. 184-185.

7 Franklin E. Zimring, Jeffrey Fagan, and David T. Johnson, "Executions, Deterrence, and Homicide: A Tale of Two Cities", *Journal of Empirical Legal Studies*, Vol. 7, Issue 1 (March 2010), pp. 1-29.

8 David T. Johnson and Franklin E. Zimring, *The Next Frontier: National Development, Political Change, and the Death Penalty in Asia* (Oxford University Press, 2009), Chapter 3, "Development without Abolition: Japan in the 21st Century", pp. 45-101.

9 Roger Hood and Carolyn Hoyle, "Progress Made for Worldwide Abolishment of Death Penalty", *International Affairs Forum: Capital Punishment around the World*, Vol. 6, Issue 1 (Summer 2015), p. 8.

10　William A. Schabas, "Universal Abolition of Capital Punishment is Drawing Nearer", *International Affairs Forum : Capital Punishment around the World*, Vol. 6, Issue 1 (Summer 2015), p. 13.

11　なぜアメリカでは死刑廃止にいたっていないのかに関する，最近の議論をまとめたものとして Moshik Temkin, "The Great Divergence : The Death Penalty in the United States and the Failure of Abolition in Transatlantic Perspective", *Harvard University Kennedy School of Government Faculty Research Working Paper Series*, 2015, pp. 1-65.

12　Kevin M. Barry, "The Law of Abolition", *Journal of Criminal Law & Criminology*, Fall 2017, p. 556.

13　Mai Sato, *The Death Penalty in Japan : Will the Public Tolerate Abolition ?* (Springer VS, 2014).

14　Andrew Hammel, *Ending the Death Penalty : The European Experience in Global Perspective* (Palgrave Macmillan, 2010), p. 193.

15　Justice John Paul Stevens in *Baze v. Rees*, 553 U.S. 35, 85 (2008).

16　Mario Marazziti, *13 Ways of Looking at the Death Penalty* (Seven Stories Press, 2015), p. 201.

17　David Garland, *Peculiar Institution*, 2010, pp. 285-286.

18　Chen Siyuan and Eunice Chua, "Wrongful Convictions in Singapore : A General of Risk Factors", *Singapore Law Review*, Vol. 28 (2010), pp. 98-123.

19　Rolf Dobelli, *The Art of Thinking Clearly* (Harper, 2013), p. 299.

第 2 章

1　山口進，宮地ゆう『最高裁の暗闘 ── 少数意見が時代を切り開く』(朝日新書 2011)， p. 51.

2　James S. Liebman, Jeffrey Fagan, and Valerie West, "A Broken System : Error Rates in Capital Cases, 1973-1995". http://www2.law.columbia.edu/instructionalservices/liebman

3　James S. Liebman, Jeffrey Fagan, Andrew Gelman, Valerie West, Garth Davies, and Alexander Kiss, "A Broken System, Part II : Why There is So Much Error in Capital Cases, and What Can Be

Done About It". http://www2.law.columbia.edu/brokensystem2/index2.html

4　デイビッド・T・ジョンソン「刑事弁護士と裁判員制度——変革の中の闘争」『世界』819号(2011年7月), pp. 266–275.

5　前掲『最高裁の暗闘』.

6　平野龍一「現行刑事訴訟の診断」『団藤重光博士古稀祝賀論文集 第4巻』(有斐閣 1985), *Law in Japan*, Vol. 22 (1989), pp. 129–142; Daniel H. Foote, "Policymaking by the Japanese Judiciary in the Criminal Justice Field",『法社会学』72号(2010).

7　Austin Sarat, *When the State Kills: Capital Punishment and the American Condition* (Princeton University Press, 2001), p. 253.

8　Franklin E. Zimring, "Pulling the Plug on Capital Punishment", *The National Law Journal*, December 7, 2009.

第3章

1　David T. Johnson 著, 菊田幸一訳「秘かに人を殺す国家——日本の死刑」『自由と正義』58巻9号(2007年9月), pp. 111–127, および58巻10号(2007年10月), pp. 91–108.

2　John Dower, *Embracing Defeat: Japan in the Wake of World War II* (W. W. Norton & Co., 1999), ch. 14(『敗北を抱きしめて』岩波書店 2004).

3　デイビッド・T・ジョンソン, 永田憲史「日本の絞首刑——二つの新証拠は秘密主義の壁を打破できるか」『世界』853号(2014年2月), pp. 233–246, および854号(2014年3月), pp. 213–223.

4　堀川惠子『裁かれた命　死刑囚から届いた手紙』(講談社 2011).

第4章

1　David T. Johnson, "An Innocent Man: Hakamada Iwao and the Problem of Wrongful Convictions in Japan"(「無実の男・袴田巖 日本の冤罪問題」), *The Asia-Pacific Journal*, Vol. 13, Issue 6 (2015), pp. 1–38.

2　The National Registry of Exonerations. https://www.law.umich.

edu/special/exoneration/Pages/about.aspx
3 Death Penalty Information Center. https://deathpenaltyinfo.org/innocence-and-death-penalty
4 Dan Simon, *In Doubt: The Psychology of the Criminal Justice Process*(Harvard University Press, 2012), p. 4.
5 James S. Liebman, Jeffrey Fagan, and Valerie West, "A Broken System: Error Rates in Capital Cases, 1973-1995" (June 2000), *Columbia Law School, Public Law Research Paper No. 15*. https://ssrn.com/abstract=232712 or http://dx.doi.org/10.2139/ssrn.232712
6 デイビッド・T・ジョンソン「日本の冤罪と「否定の文化」」『世界』864 号(2015 年 1 月), pp. 216-226.
7 C. Ronald Huff and Martin Killias, editors, *Wrongful Convictions and Miscarriages of Justice: Causes and Remedies in North American and European Criminal Justice Systems*(Routledge, 2013).
8 日弁連えん罪原因究明第三者機関 WG 編著, 指宿信監修『えん罪原因を調査せよ ── 国会に第三者機関の設置を』(勁草書房 2012), pp. 155-168.
9 木谷明『「無罪」を見抜く ── 裁判官・木谷明の生き方』(岩波書店 2013), p. 247.
10 日本弁護士連合会『新しい世紀の刑事手続を求めて ── 刑事訴訟法 50 年・松江大会から 10 年の軌跡と展望』(1999), p. 506.
11 「事実認定は市民に任せたほうがよい」2007 年 1 月 7 日,「日本の検察はへたれなのか」2009 年 6 月 14 日, 23 日. ともに高野隆@ブログ「刑事裁判を考える」.
12 周防正行『それでもボクは会議で闘う ── ドキュメント刑事司法改革』(岩波書店 2015).
13 「特集・取調べの可視化とは何だったのか」『法学セミナー』750 号(2017 年 7 月).
14 David T. Johnson, *The Japanese Way of Justice: Prosecuting Crime in Japan*(Oxford University Press, 2002), p. 272.
15 指宿信「袴田事件の教訓　すべての証拠開示を急げ」朝日新聞 2014 年 5 月 9 日.

16　Kathryn Schulz, *Being Wrong: Adventures in the Margin of Error*(Ecco, 2010), pp. 304-307.

17　小林道雄『日本警察の現在』(岩波書店 1998), p. vi.

第5章

1　Brandon L. Garrett, *End of Its Rope: How Killing the Death Penalty Can Revive Criminal Justice*(Harvard University Press, 2017), p. 1.

2　竹田昌弘「[裁判員制度開始から5年]　検察は対象事件を慎重に起訴　裁判員候補者の辞退率, 60%超える」『Journalism』292号(2014年9月), pp. 136-143.

3　Masahito Saeki and Eiichiro Watamura, "The Impact of Previous Sentencing Trends on Lay Judges' Sentencing Decisions", in Jianhong Liu and Setsuo Miyazawa, editors, *Crime and Justice in Contemporary Japan*(Springer, 2018), pp. 275-290.

4　「供述と異なる調書作成, 検事26%「指示受けた経験」」朝日新聞2011年3月11日, p. 38.

5　周防正行『それでもボクは会議で闘う』(岩波書店 2015).

6　Daniel H. Foote, "Policymaking by the Japanese Judiciary in the Criminal Justice Field",『法社会学』72号(2010), p. 18.

7　平野龍一「現行刑事訴訟の診断」『団藤重光博士古稀祝賀論文集 第4巻』(有斐閣 1985), *Law in Japan*, Vol. 22(1989), pp. 129-142.

8　デイビッド・T・ジョンソン「刑事弁護士と裁判員制度」『世界』819号(2011年7月), pp. 266-275.

9　デイビッド・T・ジョンソン「死刑は被害者たちに終結をもたらすか?」『「被害者問題」からみた死刑』(日本評論社 2017).

10　デイビッド・T・ジョンソン「日本の死刑裁判における被害者と感情」『法学セミナー』678号(2011年6月).

11　デイビッド・T・ジョンソン「アサハラを殺すということ──アメリカ人テロリストの事件から被害者と死刑について考える」『世界』835号(2012年10月), pp. 214-226.

12　G. K. Chesterton, "The Twelve Men", in *Tremendous Trifles*

(1909).

第 6 章

1　千葉景子，堀川惠子(聞き手)「「なぜ執行」の問いを抱えて──国民的議論の扉をどう開いていくか」『世界』879 号 (2016 年 3 月), pp. 160-170.

2　千葉景子「死刑　悩み深き森──執行の署名は私なりの小石」朝日新聞 2010 年 11 月 20 日；「死刑執行　法務大臣の苦悩」NHK ETV 特集，2011 年 2 月 27 日放送.

3　例えば，佐藤舞「世論という神話──望むのは「死刑」ですか？」『世界』879 号(2016 年 3 月), pp. 183-191.

4　Andrew Hammel, *Ending the Death Penalty: The European Experience in Global Perspective* (Palgrave Macmillan, 2010), p. 236.

5　Sangmin Bae, "International Norms, Domestic Politics, and the Death Penalty: Comparing Japan, South Korea, and Taiwan", *Comparative Politics*, Vol. 44, No. 1 (October 2011), p. 41.

6　Mari Kita and David T. Johnson, "Framing Capital Punishment in Japan: Avoidance, Ambivalence, and Atonement", *Asian Journal of Criminology*, Vol. 9, Issue 3 (September 2014), pp. 221-240.　下記も参照．Ryukoku University Professor Hamai Koichi's review of *The Death Penalty in Japan: Will the Public Tolerate Abolition ?*, in *Social Science Japan Journal*, January 2015, pp. 103-106.

7　Jonathan Haidt, *The Righteous Mind: Why Good People Are Divided by Politics and Religion* (Pantheon, 2012).

8　Tali Sharot, *The Influential Mind: What the Brain Reveals about Our Power to Change Others* (Henry Holt, 2017).

9　Carol Steiker, "The Marshall Hypothesis Revisited", *Howard Law Journal*, 2009, pp. 525-558.

10　Mai Sato, *The Death Penalty in Japan: Will the Public Tolerate Abolition ?* (Springer VS, 2014), pp. 157-180.

11　Scott Turow, *Ultimate Punishment: A Lawyer's Reflections on Dealing with the Death Penalty* (Farrar, Straus and Giroux, 2003), p. 114 (『極刑 死刑をめぐる一法律家の思索』岩波書店 2005).

12 例えば，裁判員を務めた田口真義氏による「死刑と向き合う市民――裁判員判断の初執行を受けて」『世界』879 号(2016 年 3 月), pp. 194–199.

13 David Garland, *Peculiar Institution: America's Death Penalty in an Age of Abolition* (Harvard University Press, 2010), p. 127.

14 Richard Posner, "Capital Crimes", *The New Republic*, April 1, 2002, p. 32.

15 Christopher H. Achen and Larry M. Bartels, *Democracy for Realists: Why Elections Do Not Produce Responsive Governments* (Princeton University Press, 2017).

16 Martin Gilens and Benjamin I. Page, "Testing Theories of American Politics: Elites, Interest Groups, and Average Citizens", *Perspectives on Politics*, Vol. 12, No. 3 (September 2014), pp. 564–581.

17 Matthew Carlson, *Money Politics in Japan: New Rules, Old Practices* (Lynne Rienner, 2007).

18 この分析は下記に基づく．Maximo Langer and David Alan Sklansky, editors, *Prosecutors and Democracy: A Cross-National Study* (Cambridge University Press, 2017).

19 David Dagan and Steven M. Teles, *Prison Break: Why Conservatives Turned against Mass Incarceration* (Oxford University Press, 2016).

20 Committee on Capital Punishment of the American Bar Association Section of Civil Rights and Social Justice, "Life after the Death Penalty: Implications for Retentionist States", August 14, 2017, pp. 1–34.

デイビッド・T・ジョンソン

ハワイ大学教授(社会学). “The Japanese Way of Justice: Prosecuting Crime in Japan”(『アメリカ人のみた日本の検察制度 ── 日米の比較考察』シュプリンガーフェアラーク東京)は，米国犯罪学会賞および米国社会学会賞を受賞. 共著に，“The Next Frontier: National Development, Political Change, and the Death Penalty in Asia”(ともに Oxford University Press).

笹倉香奈

甲南大学法学部教授(刑事訴訟法). 死刑に関する著作として「死刑事件と適正手続 ── アメリカにおける議論の現状」(法律時報 91 巻 5 号),「死刑事件の手続」(法学セミナー 61 巻 1 号),「アメリカ合衆国における死刑制度の現状」(自由と正義 66 巻 8 号)などがある. 共訳書に，ブランドン・L・ギャレット『冤罪を生む構造』(日本評論社)など.

アメリカ人のみた日本の死刑
デイビッド・T・ジョンソン　　岩波新書(新赤版)1778

2019 年 5 月 21 日　第 1 刷発行

訳　者　笹倉香奈《ささくらかな》

発行者　岡 本　厚

発行所　株式会社 岩波書店
〒101-8002 東京都千代田区一ツ橋 2-5-5
案内 03-5210-4000　営業部 03-5210-4111
https://www.iwanami.co.jp/

新書編集部 03-5210-4054
http://www.iwanamishinsho.com/

印刷・精興社　カバー・半七印刷　製本・中永製本

ISBN 978-4-00-431778-4　　Printed in Japan

岩波新書新赤版一〇〇〇点に際して

ひとつの時代が終わったと言われて久しい。だが、その先にいかなる時代を展望するのか、私たちはその輪郭すら描きえていない。二〇世紀から持ち越した課題の多くは、未だ解決の緒を見つけることのできないままであり、二一世紀が新たに招きよせた問題も少なくない。グローバル資本主義の浸透、憎悪の連鎖、暴力の応酬——世界は混沌として深い不安の只中にある。

現代社会においては変化が常態となり、速さと新しさに絶対的な価値が与えられた。消費社会の深化と情報技術の革命は、種々の境界を無くし、人々の生活やコミュニケーションの様式を根底から変容させてきた。ライフスタイルは多様化し、一面では個人の生き方をそれぞれが選びとる時代が始まっている。同時に、新たな格差が生まれ、様々な次元での亀裂や分断が深まっている。社会や歴史に対する意識が揺らぎ、普遍的な理念に対する根本的な懐疑や、現実を変えることへの無力感がひそかに根を張りつつある。そして生きることに誰もが困難を覚える時代が到来している。

しかし、日常生活のそれぞれの場で、自由と民主主義を獲得し実践することを通じて、私たち自身がそうした閉塞を乗り超え、希望の時代の幕開けを告げてゆくことは不可能ではあるまい。そのために、いま求められていること——それは、個と個の間で開かれた対話を積み重ねながら、人間らしく生きることの条件について一人ひとりが粘り強く思考することではないか。その営みの糧となるものが、教養に外ならないと私たちは考える。歴史とは何か、よく生きるとはいかなることか、世界そして人間はどこへ向かうべきなのか——こうした根源的な問いとの格闘が、文化と知の厚みを作り出し、個人と社会を支える基盤としての教養となった。まさにそのような教養への道案内こそ、岩波新書が創刊以来、追求してきたことである。

岩波新書は、日中戦争下の一九三八年一一月に赤版として創刊された。創刊の辞は、道義の精神に則らない日本の行動を憂慮し、批判的精神と良心的行動の欠如を戒めつつ、現代人の現代的教養を刊行の目的とする、と謳っている。以後、青版、黄版、新赤版と装いを改めながら、合計二五〇〇点余りを世に問うてきた。そして、いままた新赤版が一〇〇〇点を迎えたのを機に、人間の理性と良心への信頼を再確認し、それに裏打ちされた文化を培っていく決意を込めて、新しい装丁のもとに再出発したいと思う。一冊一冊から吹き出す新風が一人でも多くの読者の許に届くこと、そして希望ある時代への想像力を豊かにかき立てることを切に願う。

（二〇〇六年四月）

岩波新書より

法律

- 治安維持法と共謀罪　内田博文
- 裁判の非情と人情　原田國男
- 独占禁止法〔新版〕　村上政博
- 密着 最高裁のしごと　川名壮志
- 「法の支配」とは何か 行政法入門　大浜啓吉
- 会社法入門〔新版〕　神田秀樹
- 憲法への招待〔新版〕　渋谷秀樹
- 比較のなかの改憲論　辻村みよ子
- 大災害と法　津久井進
- 変革期の地方自治法　兼子仁
- 原発訴訟　海渡雄一
- 労働法入門　水町勇一郎
- 人が人を裁くということ　小坂井敏晶
- 知的財産法入門　小泉直樹
- 消費者の権利〔新版〕　正田彬
- 司法官僚 裁判所の権力者たち　新藤宗幸
- 名誉毀損　山田隆司
- 刑法入門　山口厚
- 家族と法　二宮周平
- 憲法とは何か　長谷部恭男
- 良心の自由と子どもたち　西原博史
- 著作権の考え方　岡本薫
- 有事法制批判　憲法再生フォーラム編
- 法とは何か〔新版〕　渡辺洋三
- 民法のすすめ　星野英一
- 日本社会と法　渡辺洋三・甲斐道太郎・広渡清吾・小森田秋夫 編
- 日本の憲法〔第三版〕　長谷川正安
- 憲法と天皇制　横田耕一
- 自由と国家　樋口陽一
- 憲法第九条　小林直樹
- 納税者の権利　北野弘久
- 小繋事件　戒能通孝
- 日本人の法意識　川島武宜

カラー版

- カラー版 国芳　岩切友里子
- カラー版 知床・北方四島　大泰司紀之・本間浩昭
- カラー版 西洋陶磁入門　大平雅巳
- カラー版 すばる望遠鏡の宇宙　海部宣男・宮下曉彦 写真
- カラー版 ベトナム 戦争と平和　石川文洋
- カラー版 難民キャンプの子どもたち　田沼武能
- カラー版 メッカ　野町和嘉
- カラー版 シベリア動物誌　福田俊司
- カラー版 ハッブル望遠鏡が見た宇宙　野本陽代・R・ウィリアムズ
- カラー版 妖怪画談　水木しげる

(2018.11)　(BT)

社会

- サイバーセキュリティ　谷脇康彦
- まちづくり都市 金沢　山出保
- 虚偽自白を読み解く　浜田寿美男
- 総介護社会　小竹雅子
- 戦争体験と経営者　立石泰則
- 住まいで「老活」　安楽玲子
- 現代社会はどこに向かうか　見田宗介
- EVと自動運転 クルマをどう変えるか　鶴原吉郎
- ルポ 保育格差　小林美希
- 津波災害〔増補版〕　河田惠昭
- 棋士とAI　王銘琬
- 原子力規制委員会　新藤宗幸
- 東電原発裁判　添田孝史
- 日本問答　田中優子・松岡正剛
- 日本の無戸籍者　井戸まさえ
- 〈ひとり死〉時代のお葬式とお墓　小谷みどり
- 町を住みこなす　大月敏雄
- 親権と子ども　榊原富士子・池田清貴
- 歩く、見る、聞く 人びとの自然再生　宮内泰介
- 対話する社会へ　暉峻淑子
- 悩みいろいろ　金子勝
- 魚と日本人 食と職の経済学　濱田武士
- ルポ 貧困女子　飯島裕子
- 鳥獣害 動物たちと、どう向きあうか　祖田修
- 科学者と戦争　池内了
- 新しい幸福論　橘木俊詔
- ブラックバイト 学生が危ない　今野晴貴
- 原発プロパガンダ　本間龍
- ルポ 母子避難　吉田千亜
- 日本にとって沖縄とは何か　新崎盛暉
- 日本病 長期衰退のダイナミクス　金子勝・児玉龍彦
- 雇用身分社会　森岡孝二
- 生命保険とのつき合い方　出口治明
- ルポ にっぽんのごみ　杉本裕明
- 鈴木さんにも分かるネットの未来　川上量生
- 地域に希望あり　大江正章
- 世論調査とは何だろうか　岩本裕
- フォト・ストーリー 沖縄の70年　石川文洋
- ルポ 保育崩壊　小林美希
- 多数決を疑う 社会的選択理論とは何か　坂井豊貴
- アホウドリを追った日本人　平岡昭利
- 朝鮮と日本に生きる　金時鐘
- 被災弱者　岡田広行
- 農山村は消滅しない　小田切徳美
- 復興〈災害〉　塩崎賢明
- 「働くこと」を問い直す　山崎憲
- 原発と大津波 警告を葬った人々　添田孝史
- 縮小都市の挑戦　矢作弘
- 福島原発事故 被災者支援政策の欺瞞　日野行介
- 日本の年金　駒村康平

岩波新書より

食と農でつなぐ 福島から	塩谷弘康・岩崎由美子
過労自殺〔第二版〕	川人博
金沢を歩く	山出保
ドキュメント 豪雨災害	稲泉連
ひとり親家庭	赤石千衣子
女のからだ フェミニズム以後	荻野美穂
〈老いがい〉の時代	天野正子
子どもの貧困 II	阿部彩
性と法律	角田由紀子
ヘイト・スピーチとは何か	師岡康子
生活保護から考える	稲葉剛
かつお節と日本人	宮内泰介・藤林泰
家事労働ハラスメント	竹信三恵子
福島原発事故 県民健康管理調査の闇	日野行介
電気料金はなぜ上がるのか	朝日新聞経済部
おとなが育つ条件	柏木惠子
在日外国人〔第三版〕	田中宏
まち再生の術語集	延藤安弘

震災日録 記憶を記録する	森まゆみ
原発をつくらせない人びと	山秋真
社会人の生き方	暉峻淑子
構造災 科学技術社会に潜む危機	松本三和夫
家族という意志	芹沢俊介
ルポ 良心と義務	田中伸尚
飯舘村は負けない	千葉悦子・松野光伸
夢よりも深い覚醒へ	大澤真幸
子どもの声を社会へ	桜井智恵子
就職とは何か	森岡孝二
日本のデザイン	原研哉
ポジティヴ・アクション	辻村みよ子
脱原子力社会へ	長谷川公一
希望は絶望のど真ん中に	むのたけじ
福島 原発と人びと	広河隆一
アスベスト 広がる被害	大島秀利
原発を終わらせる	石橋克彦編
日本の食糧が危ない	中村靖彦
勲章 知られざる素顔	栗原俊雄

希望のつくり方	玄田有史
生き方の不平等	白波瀬佐和子
同性愛と異性愛	風間孝・河口和也
贅沢の条件	山田登世子
新しい労働社会	濱口桂一郎
世代間連帯	上野千鶴子・辻元清美
道路をどうするか	五十嵐敬喜・小川明雄
子どもの貧困	阿部彩
子どもへの性的虐待	森田ゆり
戦争絶滅へ、人間復活へ	むのたけじ・黒岩比佐子 聞き手
テレワーク 「未来型労働」の現実	佐藤彰男
反貧困	湯浅誠
不可能性の時代	大澤真幸
地域の力	大江正章
グアムと日本人 戦争を埋立てた楽園	山口誠
少子社会日本	山田昌弘
親米と反米	吉見俊哉
「悩み」の正体	香山リカ

岩波新書より

変えてゆく勇気	上川あや
戦争で死ぬ、ということ	島本慈子
社会学入門	見田宗介
冠婚葬祭のひみつ	斎藤美奈子
壊れる男たち	金子雅臣
少年事件に取り組む	藤原正範
いまどきの「常識」	香山リカ
働きすぎの時代	森岡孝二
桜が創った「日本」	佐藤俊樹
生きる意味	上田紀行
ルポ 戦争協力拒否	吉田敏浩
ウォーター・ビジネス	中村靖彦
男女共同参画の時代	鹿嶋敬
当事者主権	中西正司　上野千鶴子
ルポ 解雇	島本慈子
豊かさの条件	暉峻淑子
人生案内	落合恵子
若者の法則	香山リカ
自白の心理学	浜田寿美男
原発事故はなぜくりかえすのか	高木仁三郎
日本の近代化遺産	伊東孝
証言 水俣病	栗原彬編
コンクリートが危ない	小林一輔
東京国税局査察部	立石勝規
ドキュメント 屠場	鎌田慧
能力主義と企業社会	熊沢誠
沖縄 平和の礎	大田昌秀
現代社会の理論	見田宗介
原発事故を問う	七沢潔
災害救援	野田正彰
命こそ宝 沖縄反戦の心	阿波根昌鴻
スパイの世界	中薗英助
都市開発を考える	大野輝之　レイコ・ハベ・エバンス
ディズニーランドという聖地	能登路雅子
原発はなぜ危険か	田中三彦
豊かさとは何か	暉峻淑子
農の情景	杉浦明平
光に向って咲け	粟津キヨ
異邦人は君ヶ代丸に乗って	金賛汀
読書と社会科学	内田義彦
科学文明に未来はあるか	野坂昭如編著
プルトニウムの恐怖	高木仁三郎
社会科学における人間	大塚久雄
沖縄ノート	大江健三郎
地の底の笑い話	上野英信
この世界の片隅で	山代巴編
音から隔てられて	入谷仙介　林瓢介編
ものいわぬ農民	大牟羅良
民話を生む人々	山代巴
死の灰と闘う科学者	三宅泰雄
米軍と農民	阿波根昌鴻
沖縄からの報告	瀬長亀次郎
暗い谷間の労働運動	大河内一男
ユダヤ人	J-P・サルトル　安堂信也訳
社会認識の歩み	内田義彦
社会科学の方法	大塚久雄

岩波新書より

自動車の社会的費用　宇沢弘文

岩波新書/最新刊から

1766 **イタリア史10講** 北村暁夫著
リソルジメント以降の近現代史はもちろん、古代・中世における諸勢力の複雑な興亡や、豊かな地域性、文化・芸術を明快に叙述。

1767 **伊勢神宮と斎宮** 西宮秀紀著
天照大神を祭る伊勢神宮と、神宮に奉仕する皇女が住まう斎宮。古代国家との関わりや祭祀の実態を解明し、天皇の権威の源に迫る。

1768 **がん免疫療法とは何か** 本庶佑著
PD-1抗体による免疫療法は、がん治療の考え方を根本から変えた。画期的治療法の開発を主導した著者が研究の歩みを語る。

1769 **平成経済 衰退の本質** 金子勝著
百年に一度の危機の中で、この国が重ねてきた失敗とそのごまかしのカラクリとは。「終わりの始まり」の三〇年間をシビアに総括。

1770 シリーズ アメリカ合衆国史①
植民地から建国へ 和田光弘著
19世紀初頭まで
一国史を超える豊かな視座から叙述する、最新の通史。第一巻は初期アメリカの歩みを、大西洋史や記憶史もふまえ叙述。

1774 **バブル経済事件の深層** 奥山俊宏 村山治著
バブル崩壊が契機となって発生した数々の経済事件。新証言や新資料を発掘し、新たな視点からそれらの事件を再検証。深奥に迫る。

1775 **ゲーム理論入門の入門** 鎌田雄一郎著
相手の出方をどう読むか。経済問題の分析だけでなく、ビジネスの戦略決定にも必須の基礎知識を、新進気鋭の理論家が解説する。

1776 **二度読んだ本を三度読む** 柳広司著
若いころに読んだ名作は、やはり特別だった！作家が繰り返し読んだ本を読み直して改めて実感した読書の楽しさ。

(2019. 5)